Lucie Muret

W0285311

CARGO VIE

Pascal de Duve est né le 5 février 1964 à Anvers. Il a vécu à Paris depuis septembre 1987 où il a enseigné la philosophie. Sinologue d'origine, il parlait couramment plusieurs langues parmi lesquelles le chinois, l'arabe, le russe, le tchèque, le serbo-croate, etc. C'est en 1990 qu'il a publié Izo, *son premier roman, dont la critique a salué l'immense talent. Pascal de Duve est décédé en avril 1993, moins d'un an après avoir écrit* Cargo Vie, *son deuxième livre.*

Ce livre est le journal de bord d'un jeune homme atteint du mal du sida. Embarqué le 28 mai 1992 sur un cargo mixte en partance pour les Antilles, l'auteur était de retour au Havre le 22 juin, ayant fait de cette « grande boucle » un voyage hautement symbolique, d'où par la mer, le ciel et l'écriture, il revint spirituellement transformé. Ce texte décrit les harcèlements, physiques et mentaux, de la maladie, de la proximité de la mort, mais aussi le formidable goût de la vie qu'ils lèvent. Comme s'il fallait s'extraire du monde pour découvrir le Monde.
Pascal de Duve, d'entrée de texte, propose en sous-titre : « Vingt-six jours du crépuscule flamboyant d'un jeune homme passionné. »
Il termine par ces mots : « Ce n'était pas un voyage comme les autres, c'était *mon* voyage, unique, dans l'espace et dans le temps. »

DU MÊME AUTEUR

IZO
roman

PASCAL DE DUVE

Cargo Vie

J.-C. LATTÈS

© Editions Jean-Claude Lattès, 1993.

à Odile C.
à Stéphane H.
à Didier E.

pour mes parents

« Il faut être l'homme de la pluie
et l'enfant du beau temps. »

René CHAR.

JEUDI 28 MAI

Jour de l'Ascension

Trouvé dans mes bagages où elle l'avait subrepticement placée, cette petite lettre de ma sœur cadette, Sophie :

« *Cher Pascal,*

Je t'écris ce petit mot afin de te souhaiter un bon voyage avant ton départ pour les îles. Les enfants m'accaparent beaucoup et le temps me manque pour pouvoir un peu me consacrer à toi. Sache bien que je pense beaucoup à ce qui t'arrive, que j'admire ton courage car ta lutte continuelle doit être parfois tellement dure et cruelle…

Je te souhaite un voyage paisible, une réconciliation avec toi-même face à ce qui se passe et à toute la révolte qui gronde en toi. Je te souhaite assez de forces pour te remplir de belles choses, de bon air, de belles images et de beaux souvenirs, au-delà de la souffrance. Sache que je t'aime malgré le monde qui nous sépare, et les mots qui me manquent ; je serai avec toi pour ce voyage et partout ailleurs.

Sophie. »

La longue passerelle est maintenant rentrée. Impératives, les sirènes hurlent à la Vie. Nous levons l'ancre. Depuis le pont, nous dominons les quais du Havre, desquels le cargo s'éloigne lentement. Sur la jetée, mes parents, qui m'ont conduit ici, deviennent de plus en plus petits. Je ne les reverrai qu'après avoir traversé deux fois l'Atlantique. Je m'en vais vers l'inconnu, seul avec mes vingt-huit ans « bien sonnés », mon sida « avancé » ; seul aussi avec ce qui est le plus terrible : mon inconsolable chagrin d'amour — ce sida du cœur qu'aucun baume ne peut soulager.

Lat. « credere » (croire). « Donne-moi tes consonnes et je te dirai ce que tu signifies. » CRDR : « cor-dare », donner son cœur. E., j'ai cru en toi, je t'ai donné mon cœur, délicieusement arraché à ma poitrine. Maintenant il gît dans une poubelle de l'oubli. Notre amour est plus qu'ajourné — il est *anuité.* Et si désormais je reste *écœuré,* ce n'est plus dans le même sens.

Je n'ai plus de cœur à donner. Je n'ai plus personne à aimer. D'ailleurs ça ne m'intéresse plus.

Sur ce bateau, m'extraire du monde pour découvrir le Monde — parfaire mon désamour d'un être et mon amour de l'Etre.

Pour toute lecture, j'ai emporté dans mes bagages la Bible et le Coran ainsi qu'un recueil de nouvelles de Stefan Sweig, pour « m'évader ».

Ceci sera un journal de bord ; ce sera aussi un journal de corps et un journal de cœur. On pourra le sous-titrer : « Vingt-six jours du crépuscule flamboyant d'un jeune homme passionné ».

Dilemme : mort ou Mort ? Nom commun, mais tellement hors du commun. Avec la naissance, la seule chose qui arrive à tout le monde, une seule fois (j'userai, quant à moi, de la forme qui me paraîtra chaque fois la plus appropriée).

VENDREDI 29 MAI

J'ai rêvé, cette nuit, que je me baignais dans le lac Averne. Une eau tiède, conciliante, complice de mes ébats détendus. Seulement voilà, le lac Averne était considéré par les Romains comme un accès aux Enfers. Et moi je me baignais, voluptueusement, dans le lac Averne. Sans plonger.

Nous faisons une longue escale à Montoir-en-Bretagne. J'ai pris un taxi jusqu'à Saint-Nazaire, où j'ai acheté *Presse-Océan*. Il s'est mis à pleuvoir des trombes d'eau, en cordes obliques bien nettes, sèchement crépitantes en s'écrasant sur le relief de la ville. Je me suis assis à la terrasse couverte d'un bristrot. En buvant un Perrier, j'ai lu dans *Presse-Océan* que les baha'is fêtaient dans leur centre mondial du Mont Carmel, à Haïfa, le centenaire de leur foi. *Presse-Océan* expliquait que le baha'isme est la plus récente des religions révélées, et précisait que dix-neuf baha'is français étaient du voyage, « dont plusieurs Nantais », soulignait le quotidien non sans fierté. Il pleuvait de plus en plus fort, il y avait le vacarme de la pluie tombante, celui de la pluie tombée, ruisselant dans les caniveaux, et celui, dans mon dos, du comptoir très animé.

Je suis rentré au navire. Pendant que je montais à bord, j'ai curieusement croisé une voiture, muette, mobile mais immobile, lovée dans un filet relié à une espèce de grue un peu hurlante. A bord, ça sentait toujours le poisson du déjeuner, servi à midi précis. Or il était maintenant bien dix-sept heures. Nous partons traverser l'océan demain à quatorze heures.

E., nous étions, vers la fin, un ménage comme un manège ; je me sentais souvent cheval de bois sans cavalier, comme lors des fins de soirées de fêtes foraines, lorsque, au milieu des papiers gras jonchant le sol, un carrousel illuminé et esseulé tourne tristement pour personne, tandis que se meurent doucement les dernières notes des orgues de Barbarie.

Le temps, au moins, de ce récit, j'entretiens à bouchées doubles une grève de la fin. Minuscules petites bestioles, liguées par millions, vous occupez mon cerveau et vous vous en occupez. Mais avec quelle flamboyance !

VIH, c'est un peu toi qui écris ici.

L'athéisme est une prose souveraine, la foi est une poésie soumise. Tous deux postulent un triomphe, contrastant avec le murmure émerveillé de l'agnosticisme.

Cette fois ça y est : les côtes françaises, les vieilles côtes européennes, ne sont plus en vue. Abéona, la divinité romaine qui était invoquée par ceux qui partaient en voyage, l'est aussi par moi. Il me plaît de faire revivre Abéona en l'honorant de ma pensée (en me rasant, je décrétai que je lui faisais des libations).

Je me livre à la mer pour combattre l'amer. Ses flots infinis rythmeront, de partout, une nouvelle symphonie, mon nouveau chant de vision.

E., où est le cimetière de mes fleurs à toi ?

Beaucoup de prétendus héroïsmes sont des *zéroïsmes*. Je pense que le véritable héroïsme se développe — se révèle soudainement — sans tapage. L'héroïsme suppose discrétion, intimité avec soi — un soi lucide. Regarder la Mort en face sans baisser les yeux, mais au contraire en les gardant plus ouverts que jamais, mélange de défi et d'émerveillement, voilà peut-être une modeste mais authentique forme d'héroïsme, un héroïsme de poche auquel en toute humilité j'aspire, parce que quand j'étais petit, je voulais devenir un héros. Or ma maladie est préférable à toute guerre. Je ne serai jamais un « héros » taché de sang. Tout au plus aurai-je eu l'occasion d'exercer mon courage grâce à un sang taché.

L'ai-je déjà mentionné ? Notre cargo est un bananier. Lors de chacun de ses retours vers l'Europe, il achemine des milliers et des milliers de bananes, vertes et qui doivent le rester. Si d'aventure quelque défection thermique les faisait mûrir à bord, elles seraient condamnées.

Ça me fait penser à l'affiche d'une campagne anti-sida accrochée dans la salle des prises de sang à l'Institut tropical d'Anvers où je me fais régulièrement un peu vampiriser. Elle représente, l'une en dessous de l'autre, deux bananes identiques — à ceci près que celle du haut est habillée d'un préservatif. Un subtil jeu de mots utilise le prénom flamand Rik pour qualifier la banane supérieure de « futée » (*slimmerik*), et l'autre d' « imbécile » (*dommerik*).

En ce sens, E. est un éternel et incorrigible imbécile. S'il ne tombe pas malade, ne serait-ce pas parce que la mauvaise herbe résiste à tout ?

L'équipage : je les appelle des mâles de mer. J'ai à leur égard une appréciation esthétique, que n'exacerbe aucune pulsion, aucun désir. C'est étrange, j'en suis à la fois soulagé et attristé. Cela transparaît-il dans les timides sourires que je leur adresse et qu'ils me retournent bien plus chaleureux ?

Ce matin, pendant un siècle d'au moins quinze secondes —, soudainement, ma vie en noir et blanc. Surtout en blanc. L'océan, le ciel, le bateau, tout était devenu d'un blanc aveuglant. « Plus blanc que blanc », comme dit la pub. Un matelot albinos s'est précipité pour m'empêcher de m'écrouler.

Puis le Monde a retrouvé ses couleurs. Je ne les ai jamais trouvées aussi belles. J'ai ressenti, sans son talent, l'extase d'un grand peintre. Les couleurs *sont* merveilleuses. Maintenant je les *regarde*.

(C'était la première fois que ce genre d'incident m'arrivait à bord ; j'espérai qu'il n'y en aurait plus d'autres.)

SAMEDI 30 MAI

« Rendez-vous. » La Mort ne me connaît pas encore, elle me vouvoie. A la fin, qui pour moi se profile partout comme ici le ciel touche l'océan de toutes parts, je ne pourrai éviter cette rencontre ; parce que l'horizon de la Mort n'est pas celui de la mer, toujours fuyant, toujours neuf. La Mort, elle, est un gouffre immobile, et si je pressens sa proximité tous les jours plus grande, c'est parce que c'est moi qui m'avance vers elle.

La maladie paraît, illusion d'optique, grandir mes yeux, comme écarquillés, les rendant effarouchés, mais aussi avides de voir, étonnés, Monde et miroir. En réalité, je pense que les yeux ne changent pas de taille au cours de la vie. Si j'ai raison, malades amaigris et nouveau-nés tout petits partagent ainsi cet étrange rayonnement d'yeux semblant immenses. Aux deux extrémités de la vie, un même émerveillement.

Ma libido freudienne (recherche instinctive du plaisir, et surtout du plaisir sexuel) a disparu au profit d'une plus grande libido jungienne (toute forme d'énergie psychique, quel que soit son objet).

« La Mort et la Beauté sont deux choses profondes
Qui contiennent tant d'ombres et
D'azur qu'on dirait
Deux sœurs jumelles également terribles et fécondes
Ayant la même énigme et le même secret. »
(Victor Hugo)

E., pour toute explication de ta rupture, tu as prétendu, froidement, avoir peur de ma « folie ». Peut-être étais-tu sincère, peut-être considérais-tu réellement que continuer à aimer quelqu'un qui est gravement malade ne peut relever que d'une aliénation que je t'aurais transmise. En tout cas, félicitations, ton intuition a tapé dans le mille : je souffre en effet, entre autres, de ce qui s'appelle dans le jargon médical un « syndrome démentiel spécifique ».

E., ces lettres que je t'ai écrites : lettres mortes mais qui ont vécu — surtout pour moi ; ces pages d'amour que je t'ai consacrées, autant de dérapages désacralisants — surtout pour toi.

L'épidémie de sida a définitivement explosé. Etrange déflagration qui ne crève les tympans que de ceux qui en sont touchés.

Nicole est une passagère à la voix aussi douce que le velours. A-t-elle vu dans mes yeux la tristesse qui parfois les *désanime ?* Toujours est-il qu'elle a tenu à me faire lire un texte qui ne la quitte jamais. D'où vient-il ? Il fut soi-disant trouvé dans une vieille église de Baltimore en 1692, et — comme il se doit — l'auteur en serait inconnu. Ce texte parle de la Vie.

Beaucoup de gens ne sont capables de gloser sur Dieu qu'en perroquets, ou, au mieux, en mainates.

Ce soir, au dîner, Nicole m'a appris l'existence d'un phénomène d'optique qui s'appelle le « rayon vert ». Celui-ci est un halo enrobant magnifiquement le soleil juste avant son coucher. D'après Nicole, on n'aurait la chance de le contempler qu'une seule fois tous les vingt ans. Elle-même l'a vu il y a trois ou quatre ans. Moi, je ne l'ai jamais vu. « Tu es tout jeune », m'a dit Nicole. « Tu verras, c'est une grâce rare faite au soleil mourant. »

Jamais je ne me suis senti aussi proche des étoiles que depuis que je suis malade. Je passe des heures à contempler leur scintillement silencieux en provenance de la Nuit des Temps. Certaines n'existent assurément plus, mais leur douce ardeur muette, tel un présent posthume, nous caresse toujours les yeux. Ainsi en communion avec l'Eternité, j'oublie ce qui différencie la Vie de la Mort, et j'imagine que je suis, moi aussi, étoile. Sidéen sidéral, je rêve de conserver mon rayonnement auprès de ceux qui m'auront aimé. Je serai une *étoile* morte, mais toujours lumineuse dans le cœur de certains.

DIMANCHE 31 MAI

Fête des Mers

La mer est notre Mère archaïque à tous. N'est-ce pas de ses profondeurs qu'ont émergé, dégoulinants, les animaux qui, au terme d'une évolution fantastique, devaient aboutir notamment à l'être humain ?

Hier soir, juste avant de me coucher, j'ai regardé mon corps nu et osseux dans le miroir qui fait toute la hauteur de la penderie. J'ai essayé d'imaginer un halo vert qui aurait épousé ses contours. Je n'ai rien vu de ce genre. Je me suis souri dans le miroir, où j'ai trouvé des yeux embués de tristesse et de joie.

Cette nuit, mon subconscient s'est permis un rêve érotique. L'autre protagoniste était notre radiotélégraphiste, un garçon jeune aux cheveux noirs très courts et aux yeux bleus comme la mer quand elle l'est le plus.

Lorsque j'ai appris ma séropositivité, ce fut en toute sérénité. Simplement j'ai réalisé avec amertume que je devais rayer de ma liste des choses qui n'arrivent qu'aux autres cette chose sérieuse, à la fois passée, présente et future. Désormais je me savais sidérable. Sidéré, je ne le suis vraiment devenu qu'à la fin de l'hiver 1991-1992.

Il est des étangs indifférents sur lesquels errent, silencieuses et solitaires, des chaloupes de mer.

Il fut tout un temps où j'étais incapable de pleurer, ce qui pouvait me faire très mal. Maintenant, de temps en temps, jaillissent certaines larmes, très chaudes, qui sont comme ces ruisseaux qu'aucune jungle, fût-ce la plus touffue, ne peut retenir. Elles me viennent du cœur et finissent toujours par me dévaler les joues en chatouillant, imposant des sourires dérisoires.

Ceci est une supplique adressée aux jeunes de tous âges qui vivent la chamade de la découverte du corps de l'autre. Frères et sœurs, resplendissants de fraîcheur, beaux en toute simplicité, de cette beauté qui s'ignore, candide, innocente, ne vous laissez pas piéger par la gent infâme qui vous propose de vous « initier » de façon « naturelle », n'hésitant pas à compromettre votre virginité virale pour assouvir leur plaisir bestial. Redevenez romantiques, pensez que la fidélité — le don total et réciproque de soi à un compagnon de vie —, bien loin d'être ridicule, est la clé de voûte de la plus belle aventure amoureuse.

Tout à l'heure, je parlais de mes larmes ressuscitées, du nouveau gisement au cœur de la forêt vierge de mon cœur. Ces jours-ci, elles sont particulièrement fréquentes, lorsqu'après un repas où j'ai dû crâner, m'efforcer de rire avec les autres, soutenir des conversations futiles, je me précipite dans ma cabine pour pleurer. Cette tristesse s'apparente un peu à celle des augustes, qui eux aussi sont obligés de « tenir bon » dans leur rôle. Qui connaît la mélancolie de l'auguste ? Du fond des coulisses, il entend encore rire les enfants qui le rappellent dans une atmosphère de joyeuse insurrection. Mais l'auguste pleure, les larmes perlent, opaques, blanchâtres, entraînant sur leur passage une partie du grimage.

E., mes lettres de l'amour que je te vouais étaient toujours naïvement passionnées. Je ne le regrette pas, peut-être certaines étaient-elles belles. Mais tu ne me l'as jamais dit. Vers la fin, c'étaient des doléances timides mais fortes, tentatives pathétiques de mendier auprès de toi, par la seule évocation de souvenirs magnifiques, la renaissance de ce qui avait été, mais n'était plus. Tu répondais par ces silences insupportables qui alimentaient en moi la présence obsédante de ton absence. Condoléances muettes, sans fleurs ni couronnes, avec dispersion hâtive des restes, ces restes que j'ai fini par cesser de t'adresser : un jour ma plume s'est tue — pour maintenant t'écrire ceci, ma Dernière Lettre, lettre d'amour-tume.

Naviguant vers le Ponant que nous ne rattraperons jamais, ce soir nous retarderons même, à minuit précis, nos montres d'une heure ; nous récidiverons demain et presque tous les autres jours jusqu'en Martinique. Que ne puis-je, de même, ralentir la fatale métamorphose de mon corps !

Tout être humain naît en sûreté de mort. Ce que nous appelons danger de mort ne sont que les circonstances favorisant l'échéance.

Bleu, gris ou noir comme la suie : le ciel existera toujours, et sa contemplation est gratuite pour tout le monde.

E., tu m'as exilé vers une phalange anonyme, perdue, désespérée, celle qui a perdu la bataille pour ton amour. Cette phalange maudite, dont les hoplites déguenillés ne se connaissent pas, mais se battent tous pour accepter leur vie sans toi, je ne m'en fais pas ici l'hipparque, mais le porte-étendard. De leur mutisme je nourris ma parole écrite, pour un semblant de justice. Je plains amèrement les futures recrues.

Petit à petit, le vautour fait son nid.

Il faudrait savoir attendrir la Mort avec sérénité.

E., te souviens-tu de ces nuits entières d'amour fou, qui se terminaient en apothéose, aux lueurs de l'aube, puis du premier soleil, qui transformaient mes fenêtres en splendides vitraux, alors que je me donnais à toi une dernière fois encore, la plus forte, et que le Requiem de Mozart nous sacralisait, saluant en nous deux héros fourbus glorifiant la Vie ? C'étaient ces aubes magiques où je te disais « Vous ». Je n'ai osé te vouvoyer que très tard, quand j'ai sincèrement cru que tout cela avait quelque chose de divin — quand j'ai sincèrement cru que ce ne pouvait être par hasard que, sans la moindre concertation, on éclatât subitement en sanglots de bonheur et d'émotion, au même moment, à larmes égales.

Ma vie n'aura peut-être été qu'un très court circuit. Je fonce, mais je fonce.

LUNDI 1er JUIN

J'ai oublié : aujourd'hier après-midi, nous avons effectué un exercice de sauvetage. Ce qui me faisait sourire, c'était que, contrastant avec la lividité des passagers, l'officier prenait un malin plaisir à se servir placidement du futur simple pour évoquer les règles à observer lors de toutes sortes de catastrophes, cyclones, incendies…

Même quand la mer est calme, je n'oublie pas que tous les endroits dont nous fendons les flots dociles ont été et seront le théâtre de tempêtes.

Sans doute y a-t-il souvent dans la prière quelque chose de narcissique. L'orant sait qu'il prie, et il s'émeut de lui priant.

Naissons-nous dans le Monde ? Non, le Monde naît à nous. Quand nous rendons l'âme, c'est la fin du Monde. Ainsi, chaque jour, le Monde disparaît pour certains, tout en naissant pour d'autres.

E., sous les gants de ton mutisme honteux, tu as les mains sales.

Mauvais sang. Le mien. Infesté d'un hôte hostile. Chaque battement de cœur, ceux-là même qui me font vivre, le propulse dans tout mon corps, sans répit. Ou plutôt avec un arrêt de prédilection : mon cerveau, où VIH a confortablement élu domicile. J'ai une encéphalopathie, une inexorable atrophie corticale et subcorticale. Pour être simple : je me fais bouffer le gris du cerveau.

Ce qui m'intrigue le plus dans la religion est précisément ce qui m'en a éloigné. Il s'agit du lien fondamental et originel entre la Foi et le Bien, postulat sans appel, commun aux trois grandes confessions monothéistes. Croire relève du Bien, ne pas croire est indissocié du Mal. Vu le nombre de non-croyants et celui de ceux qui, à tort, *croient croire,* l'Enfer serait vite surpeuplé. C'est d'ailleurs peut-être ça, l'Enfer.

Qu'est-ce que l'Eternité ? On nous explique que ce n'est pas un Temps infini, mais plutôt l'absence — l'abolition pure et simple du Temps. Or Temps et Mouvement ne peuvent aller l'un sans l'autre, ils se définissent mutuellement. Le Temps permet le Mouvement, qui mesure le Temps. On en arrive alors, par le biais de l'étymologie, à conclure que l'Eternité est incompatible avec l'é-motion. La Vie Eternelle, c'est l'immobilité. L'immobilité, c'est la Mort.

Ce périple est un voyage dans le voyage qu'est ma vie. C'était un défi exaltant : j'allais au-devant de l'immense océan, seul avec moi-même, pour méditer, rire, pleurer, et écrire mes pensées, mes joies, mes chagrins. Lorsque, au Havre, je mettrai pied à terre, je serai fier et nostalgique. Fier d'avoir relevé mon défi (de ne pas avoir « craqué » à cause de VIH), et nostalgique de cette mer qui m'aura offert tant de choses.

Je serais de bien mauvaise foi si je prétendais que la question de l'existence (pourquoi y a-t-il quelque chose plutôt que rien ?) ne m'intéresse pas. Au contraire, j'y vois l'inverbation de la Question Parfaite, à l'abri de toute réponse.

Ce soir, j'ai écouté la *Troisième symphonie pour orgue* de Saint-Saëns, celle qui, de toute la musique classique, m'émeut le plus, particulièrement lors du dernier mouvement, quand le piano fleurit la majesté de l'orgue. Je regardais l'océan dont les flots dansaient gracieusement comme s'ils s'accordaient sur la musique, voire comme si c'étaient eux qui composaient silencieusement la symphonie ainsi enrichie d'un spectacle visuel grandiose, avec la complicité généreuse d'un ciel dont la lumière pourtant déclinante envoyait des diamants sur la mer. Toute cette grandeur m'a fait réaliser que pour l'Absolu, notre navire devait être microscopique. Et moi j'étais une poussière encore plus petite, hébergeant un être invisible qui était en train de me tuer à son aise.

MARDI 2 JUIN

Cette nuit, mû par l'insomnie due aux vibrations plus sonores et obsédantes que d'habitude, je suis monté sur le pont supérieur que j'atteignis au bout de coursives et d'escaliers jalonnés de veilleuses blafardes d'un jaune foncé, qui n'éclairaient guère davantage qu'elles-mêmes.

Là-haut, le firmament était pur et cristallin, moucheté d'étoiles frémissantes et limpides telle une rivière de diamants éclatée incrustés dans un gigantesque écrin noir. Dès demain, me suis-je dit, ces soleillets se ligueraient comme chaque jour pour former l'astre diurne qui allait, une fois de plus, bleuir le ciel de son empire de lumière.

Après cette promenade sereine, je m'endormis facilement, en rêvant aux étoiles.

Dix heures (midi à Paris). Nous longeons la première île des Açores, Terceira, très verte avec des villages de petites maisons blanches aux toits rouges. Cette grande île couverte de végétation basse est entourée de hauts rochers chauves comme des cailloux, nobles et austères, boudant superbement, par petits détroits interposés, la verte Terceira qui leur tend pourtant, aux extrémités des côtes, ses phares blancs juchés sur les falaises.

Nous voilà donc en train de traverser l'archipel qui est le Saint des Saints des anticyclones influençant l'Europe occidentale. Dommage que l'épicentre d'un anticyclone ne se voie pas, contrairement à l'œil des cyclones.

Dès très tôt ce matin, avant le petit déjeuner, je savais que nous approchions des Açores. En effet, lors de ma première promenade de la journée, j'avais observé, du haut d'un des ponts arrière, une escadrille désordonnée de mouettes au-dessus de notre sillage. Leur blancheur se confondait avec celle de l'écume en folie.

Ces oiseaux intéressés rôdaient autour de la cambuse, espérant attraper quelque chose au vol. Je pensai qu'ils venaient du continent insulaire, dont ils ne s'éloignent guère.

« Vivre » est un infinitif fini.

Etre « condamné » — s'approcher d'une destination vers laquelle tout le monde s'achemine. Y être appelé sans appel.

« *La Mort, mystère inexplicable, dont une expérience journalière paraît n'avoir pas encore convaincu les hommes.* »

(Benjamin Constant)

La mer est devenue houleuse, et je ressens comme un vague à l'âme, mon âme qu'un fil tient encore à mon corps, ce château de sable qui bientôt sera rasé, modeste lopin d'une immense plage, la plage de Nietzsche, celle de Foucault.

« *Ecrire, c'est n'être personne* », a écrit Marguerite Duras — alias, donc, personne. Je ne suis évidemment pas d'accord. En écrivant, on se révèle à soi-même et aux autres.

Voyages avec E., offerts à E. : Norvège, idyllique. Mexique : catastrophique. Thaïlande : infernal. Où il devrait être question de tout ce qui n'était pas à son goût (moue blasée à Teotihuacan, disputes pénibles à Chiang Mai), et de mon désespoir de chef d'orchestre déconcerté.

Les souvenirs norvégiens, naguère magnifiques, tellement splendides qu'ils en confinaient au surréel, ces souvenirs norvégiens s'insinuent dans mes nuits solitaires, au fond desquelles le Malin s'acharne cruellement sur des cicatrices, et les plaies se rouvrent, pour redevenir, au petit matin, blessures à vif.

Notre bateau est parasité de rouille un peu partout, notamment sur le grand pont arrière où, sur fond vert, elle dessine des continents extraterrestres de couleur brunâtre. Cette rouille est la mémoire vivante du navire. Aucun autre n'en est affecté de la même et exacte façon.

Je meurs de mes mœurs. Je trépasse de mes passes. Tant pris pour moi.

La Mort, l'amer, la mer, l'amour : un seul phonème de différence. S'il y avait une chose dont on pourrait raisonnablement imaginer qu'elle soit à l'abri de la noyade, ce serait la mer. Mais, du point de vue phénoménologique husserlien, toute chose n'existe qu'à travers le sujet percevant. Donc, un jour prochain, pour mon esprit qui s'éteint, même la mer coulera dans ses propres profondeurs. Quand je mourrai, la mer se noiera.

Comme jetés dans l'existence par un mystérieux paysan, aussitôt disparu, nous sommes comparables à des vaches dans un champ. Les bras ballants, le regard hagard, nous nous demandons que faire ? Paître ou ne pas paître, telle est la question. Et la plupart paissent placidement sans trop s'interroger.

Dix-sept heures (dix-neuf heures à Paris). Derrière nous on ne distingue plus que de minuscules Açores. Elles ont opté pour un horizon, et nous pour un autre. Il n'y a néanmoins que modeste lurette que nous ont quittés les mouettes.

Il n'y a que pour moi que ce bateau est un *Titanic*. Je suis le seul à sombrer clandestinement, plombé par un mal qu'il me faut à chaque instant cacher derrière des sourires conventionnels. Parfois, souvent même, je trouve la force d'un joyeux entrain, d'une jovialité courtoise et de plaisanteries ridicules mais qui enchantent tout le monde. Mon secret d'état semble bien gardé, sans que je me sois trahi. Tout va bien, personne n'a l'air de « savoir ».

Notre cargo est encore plus mixte que ne pourrait le soupçonner le commandant. Il abrite des gens sains et un sidéen. Je ne peux pas parler. Quels seraient les effets d'une panique en pleine mer ? Parfois, la solitude de ma solitude est vertigineuse, confinant à l'autisme.

MERCREDI 3 JUIN

Drôle de rêve : je me trouvais seul au milieu d'une forêt très sombre ; il avait plu, et maintenant il pleuvait encore, pas du ciel, mais des arbres, par saccades lourdes, sous la présidence du vent.

E., tes éclats de rire jonchent ma mémoire douloureuse comme les débris opaques d'une vieille serre au fond d'un jardin abandonné. Bouts de verre gris que, pieds nus et sanglants, je foule parfois dans mes songes.

E., j'ai emporté avec moi tes lettres, toutes tes lettres ; les photos, aussi, débordantes d'une beauté défunte. Leur bière est une boîte à chaussures en carton, scellée par une corde solide qui entoure ce petit cercueil et qui se termine, sur le couvercle qu'ils serrent, par des nœuds faits pour ne jamais être défaits, contrairement aux nœuds papillons.

Au cœur d'une nuit prochaine — je ne sais pas

encore quand —, je me glisserai furtivement hors de ma cabine, la boîte sous le bras. J'irai comme un voleur choisir l'un des ponts arrière, et avec pour seuls témoins les étoiles, je précipiterai mon colis au milieu de notre furieux sillage. Sauf dans mes cauchemars, tu es mort à mes yeux ternes, et tes lettres, autant de bibles réfutées, tes photos, autant d'icônes effacées, ne t'ont pas survécu. Une nuit prochaine, donc, ma cabine cessera d'être leur morgue, et je procéderai à cet *enmèrement* rituel, afin que le passé rejoigne le passé, sautillant un bref instant sur son écume pour finir par sombrer à tout jamais.

Mon cauchemar eût été de devenir un mourant mortifié, réalisant soudain, dans un ultime et fatal sursaut, qu'il est en train de perdre la vie sans l'avoir vraiment vécue. Ce ne risque pas d'être mon cas. Ce n'est pas avec l'eau du bain que le diamant s'en ira.

Toujours à propos de la Mort : elle ne fait peur qu'aux vivants. Il leur suffit donc, si leur angoisse est tellement inhumaine qu'elle rend leur existence invivable, de disparaître vite fait bien fait. La Mort est un endormissement ; il n'y a que les préliminaires qui sont un mauvais moment à passer.

La Controverse de Valladolid devait décréter si oui ou non les Indiens avaient une âme. Une semblable querelle agite parfois mes pensées. E., as-tu un cœur ? (Alors mes lèvres se scellent fortement l'une sur l'autre, de perplexité.)

La Vie Eternelle est une promesse terrifiante. La Mort devrait être un repos, l'acquisition d'une ataraxie — dont il faudrait pouvoir jouir en tant que telle. Vivre la sérénité du non-vivre. Mais même une non-vie non vécue — la Mort des athées — me semble préférable à la Vie Eternelle. Cette Mort est à la Vie ce que la nuit est au jour. Quel être humain ne serait pas horrifié si on lui disait, un beau matin, qu'il n'aurait, ce soir-là, pas le plaisir de se coucher, la volupté de se sentir progressivement étreint par les bras de Morphée, parce qu'il n'y aurait plus de soir, parce qu'il n'y aurait plus de nuit ? Certaines de nos nuits sont plus belles que nos jours. Oui, je trouve angoissant d'être éventuellement condamné à cette Vie Eternelle, d'autant plus qu'il n'est pas du tout certain que l'on puisse se suicider au Ciel.

le chrétien l'écrivain

L'homme de Dieu et le poète partagent l'amour de l'émotion, l'émotion de l'amour. La lumière des étoiles, l'ardeur du ciel bleu et la furtivité des nuages ne sont pas, pour ces mystiques, de simples phénomènes quotidiens et répétitifs. Non, pour eux, ce sont d'extraordinaires événements perpétuellement uniques, comme les visages humains.

Sept. Nous sommes sept passagers, « comme les nains de Blanche-Neige », a fait remarquer le maître d'hôtel. Moi je suis le nain secret (la mer étant très forte, il y a aujourd'hui plusieurs nains jaunes).

Concernant les passagers, ce mot encore : je pense que je n'en parle pas beaucoup — pour ainsi dire pas du tout — (sauf peut-être de Nicole, avec qui j'ai des « atomes crochus »). Cela s'explique par mon projet de vivre ce voyage en me préservant, le plus solitaire possible, pour méditer, lire (la Bible, le Coran et Stefan Sweig), et écrire, aussi. Sans compter que je fais de longues promenades à l'extérieur dans des endroits où ils ne risquent pas de me déranger. Evidemment, je les retrouve aux repas servis pile aux heures prévues ; je suis alors courtois. Mais je ne les retrouve jamais au salon des passagers qui est une espèce de parloir permanent ; et le soir, je ne m'intéresse à aucune cassette vidéo qu'on leur passe, et devant lesquelles, c'était touchant, je les ai déjà surpris endormis les uns contre les autres, alors que je venais, sur la pointe des pieds, chercher une canette de Coca-Cola dans le Frigidaire commun.

Ils parlent parfois du sida. Mal, très mal, à qui pire pire. Ils ne remarquent pas (ne suis-je pas le nain secret ?) que l'ignorance et le simplisme des uns m'énervent, et que l'intolérance des autres me révolte.

Ceci pourrait être le début d'un vieux disque pour enfants, rayé, où les derniers mots intacts reviendraient sans cesse :

« Il était une jolie fois un petit pays paisible étendant ses joies et ses peines dans une vallée surplombée d'une montagne, dont, même par beau temps, des nuages très denses enveloppaient le sommet, que personne n'avait jamais vu. Une vieille légende, inspirée d'un livre plus ancien encore, racontait qu'au-delà des nuages, tout en haut de la montagne, se dressait un beau château où vivait un seigneur très âgé à la barbe fleurie. Personne ne l'avait jamais vu, parce qu'il ne descendait pas dans la vallée. Pourtant le vieillard se préoccupait de la vie du village. Il avait même un jour envoyé son fils... crrrr... envoyé son fils.... crrrr... envoyé son fils, cr..... »

Sartre affirme dans *L'Etre et le Néant* que, sans nul doute possible, Dieu n'existe pas. La légèreté désinvolte de cette affirmation n'a d'égal que l'hermétisme de son explication : « L'en-soi et le pour-soi sont inconciliables en un seul être. » Comment Sartre, qui compte parmi les grands auxquels j'aime me référer (notamment pour sa philosophie de la liberté et pour son éthique), a-t-il pu être si *réducteur* à propos de ce sujet si délicat ?

C'est l'une de mes interrogations principales concernant le riche patrimoine philosophique qu'il nous a laissé (comme écrivain, je le trouve plutôt médiocre ; on sent bien que l'écriture n'est toujours pour lui qu'un moyen servant une thèse). Je considérerai toujours avec une perplexité sans bornes ce qu'il faut bien appeler la *religiosité* sartrienne. Sartre *croyait* en l'inexistence de Dieu *de la même façon* que ses adversaires (tel l'existentialiste chrétien Gabriel Marcel) *croyaient* en son existence. Du reste, l'histoire de la philosophie est essentiellement celle d'un affrontement manichéen autour de la question divine : Démocrite, Lucrèce, Diderot, Marx, pour ne citer qu'eux, contre les Pères de l'Eglise, saint Thomas d'Aquin, Kierkegaard, Edith Stein... La plupart des philosophes ont voulu embrigader l'Etre dans le dogme de son autonomie (Dieu n'existe pas) ou dans celui de son hétéronomie (Dieu existe et est à l'origine de l'Etre). C'est dommage. Il n'y a guère que le Kant de la *Critique de la raison pure* qui, bien lu, postule l'humilité intellectuelle en la matière. L'ayant étudié et élevé son ouvrage au rang de livre de chevet, je suis devenu résolument agnostique — « émerveilliste abstentionnel ». Ainsi, je suis au moins sûr de ne pas me tromper, et de conserver mon Mystère.

Au dîner, plusieurs places restées vides à midi furent à nouveau occupées par leurs titulaires encore vaguement jaunâtres. Flairant le caractère malicieux de ma question (« Alors, ça va mieux ?... La mer ne vous réussit pas vraiment... »), tous me répondirent vertement que ça allait très bien — et qu'ils n'avaient *jamais* le mal de mer. Mais ils n'ont ni beaucoup parlé, ni beaucoup mangé (c'est curieux tout de même : moi qui suis malade, je ne suis pas malade. Peut-être est-ce VIH qui ne se sent pas bien ?).

E., tu m'as quitté. Emoi, émoi, émoi. Je ne regrette pas notre Belle Epoque, mais j'en déplore la facticité.

Cher, très cher VIH, voilà encore que tu m'enfièvres, comme seul toi peux le faire, de cette exacte chaleur froide qui est celle de ton incontournable lave, répandant en silence son bouillonnement glacé dans mon corps tout entier.

Seize heures (vingt heures à Paris). Descente aux Enfers. Le chef mécanicien nous attendait devant nos cabines. Nous plongerions dans les tréfonds du navire pour une visite guidée de la salle des machines. Nous prîmes l'ascenseur, bondé comme un œuf. Cet ascenseur descendit, descendit, il n'en finissait pas de descendre. Coincé en station debout sans pouvoir bouger, je commençai à me sentir mal. Pendant que l'ascenseur descendait toujours, autour de moi tout était en train de devenir blanc : les murs d'acier gris foncé de l'ascenseur, les vêtements bariolés des passagers, et même le bleu de travail du mécanicien en qui mon cerveau attaqué crut voir un infirmier, si bien qu'en sortant enfin de cet espace réduit où il manquait d'air, lorsque mes jambes se mirent à flageoler, et que mes genoux subissaient des révérences incontrôlées, ce fut à cet « infirmier » que je m'agrippai pour ne pas me blesser dans ma probable chute. Quelqu'un courut chercher une chaise sur laquelle je m'affalai aussitôt. Autour de moi, toujours cette brume d'une blancheur mortelle, traversée par des murmures sourds et inquiets dont mes oreilles ne percevaient qu'un angoissant bruissement incompréhensible. Après quelques instants, je me ressaisis, rassurant tout le monde (« ce n'est qu'un banal accès d'hypoglycémie », et quelqu'un est immédiatement parti chercher... un sucre). Je priai le chef mécanicien de commencer ses explications. Nous étions dans le centre de commandes des machines que, monstrueuses, nous pouvions voir à travers une large baie vitrée dominant ces immenses tripes métalliques qui font avancer le bateau et envoient leurs grondements tremblants jusque dans nos cabines, « le Paradis », comme plaisanta le mécanicien. Mais soudain je me rendis compte avec effroi que nous allions reprendre l'ascenseur pour descendre plus bas encore, afin de nous promener au cœur même de cette gémonie, grimper et descendre des escaliers de fer s'insinuant au milieu des entrailles du monstre qui faisait un vacarme épouvantable et soufflait de ses nombreuses narines géantes, comme une immense bête hennissant des vapeurs qui faisaient culminer la température ambiante à plus de 40 °C.

Dans l'ascenseur en route vers ces abysses, je chancelai brusquement, bousculant les autres personnes. Arrivés en bas, tout le monde sortit — sauf Nicole. Sacrifiant sa visite des machines, elle me reconduisit à l'étage de nos cabines ; nous avons bavardé un peu dans le salon vide. Ses douces caresses verbales me réconfortèrent.

J'ai pourtant encore, de temps en temps, la chance rare de ne pas vraiment me sentir malade, tel un Bien Portant Imaginaire.

Je ne veux pas d'enterrement. Je souhaite un *encièlement* — dispersion à tous les vents de cendres d'intérêt somme toute très limité.

La nature peut être superbement sérieuse. Ainsi, le ciel azuré est souvent traversé d'oiseaux en formations parfaites, maintenant sans hésitation un cap mystérieusement déterminé. Les animaux s'affairent à vivre.

Après le repas, je me suis imprudemment exposé, trop longtemps, à un soleil traître bénéficiant de la complicité d'un vent frais, si bien que le mal était fait bien avant que je ne sentisse les premiers picotements sur ma peau brûlée. Je suis rentré précipitamment dans ma cabine en évitant les miroirs. Depuis, un acide fielleux et bouillant s'étale, en le balayant dans tous les sens de son ardeur, sur mon visage tendu comme une peau de tambour.

E., nous nous sommes trompés. Je me suis trompé parce que tu m'as trompé. Tu as trompé ma chair, mais cela peu importe ; par mensonges et silences tu m'as toutefois aussi trompé le cœur. Et ça, c'est catastrophique.

Je ne veux pas tout ravager sur mon passé.

Qu'est-ce que la vieillesse ? Il y a sa définition absolue, reposant sur l'objectivité de l'âge ; il y a aussi sa signification subjective, celle qui se réfère au caractère : certains jeunes sont « vieux » parce qu'ils font preuve d'une apathie anachronique pour un « jeune », ou encore parce qu'ils « pensent vieux ». Le concept de vieillesse est alors délibérément manié de façon péjorative. Mais je pense qu'il faut rajouter une troisième définition : être vieux, c'est ne plus avoir beaucoup de temps à vivre et en être conscient. En ce sens, je suis vieux. Vingt-huit ans, donc physiologiquement jeune, et sidéen « avancé », donc fatalement vieux. Cette vieillesse-là, pour le temps qu'elle dure, est une espèce de grâce qui, pour ceux qui tâchent de faire face, aiguise le vécu de l'émerveillement jusqu'à le rendre à peu près permanent. Par exemple, je découvre avec ravissement petites et grandes choses de la Nature, auxquelles je ne m'étais jamais intéressé ou attardé avant mon sida. Je vous le révèle : cette année, le printemps enfleurit les arbres de couleurs magnifiques. Je crois bien que c'est la première fois. Oui, ce printemps est le premier. J'aime mon sida.

Ecrire, persévérer, terminer. Parce que je suis le porte-plume de mes frères sidérés qui se calfeutrent dans le mutisme. Je veux être un ambassadeur de l'espoir au pays du désespoir.

JEUDI 4 JUIN

Même le sommeil ne met pas à l'abri de l'Etre. Personne, en s'endormant, n'est à l'abri du cauchemar, ce vécu réellement irréel mais épouvantable.

Ceci est un testament — au sens étymologique : un témoignage.

E., il fut un temps originel où nous inventâmes l'amour ; les premiers nous l'avons créé comme l'ont toujours créé les vrais amoureux. Je me souviens de cette première nuit, première entre toutes les premières, lorsque, à la lueur tamisée de la rue, jaune réverbère segmentée par des persiennes mi-closes, nous avons inauguré, dans tes draps agités, notre fusion, qui faisait qu'enivrés par la passion, on ne savait plus où commençait l'autre et où finissait soi. Nous composions quelque monstre d'amour, créature hybride, bicéphale, quadrupède à quatre bras et à deux sexes tendus l'un vers l'autre.

E., je pense bien m'être effrayé un passage à travers toi, pour te dépasser, et écrire ceci.

Notre maître d'hôtel (« *attaché à la tradition des grands paquebots d'antan* », disait la brochure, ce qui ne l'empêchait pas d'être toujours en short et en tee-shirt) nous a appris que l'espérance de vie d'un marin est de cinquante-huit ans. Notre maître d'hôtel a cinquante-cinq ans. Il prend sa retraite bientôt.

Etonnante phrase que celle du muezzin, amplifiée, du haut des minarets, par des millions de mégaphones poussiéreux à travers le monde ; elle débute en effet par *Là Illâha...* — « Il n'y a pas de Dieu ! » Dans les versions lancinantes, les plus belles du chant de l'appel, quand l'officiant se fait plaisir, le suspense est entretenu quelques secondes, mais la suite finit toujours par survenir : *illallâh...* — « ... autre que Dieu ». En d'autres termes, Dieu est Un et Unique, ni décomposé en trois comme dans le christianisme, ni composé d'un panthéon comme dans la religion hindouiste.

Quotidiennes mais mystérieuses, la Vie et la Mort se ressemblent étrangement. En tout cas elles forment un beau couple. La Vie est une immanence transcendante ; la Mort est une transcendance immanente.

Ce soir, ma chaise est restée vide au dîner. Nicole est venue frapper, très doucement, à ma porte que, terrorisé, je ne voulus d'abord pas ouvrir. Il y eut alors un étrange dialogue à travers la cloison, dans laquelle je vis très vite une grille de confessionnal. Cette idée insoutenable m'incita à ouvrir. Nicole m'a vu en caleçon de coureur cycliste, noir, long et serré. Je m'efforçai de la rassurer sur mon état, et surtout de la remercier de sa sollicitude qui, je le sais, n'était nullement inspirée par une espèce de curiosité malsaine.

VENDREDI 5 JUIN

E., selon tes propres dires, notre histoire était la plus longue de celles que tu avais vécues avec un garçon. Ai-je été, à notre insu et à l'initiative de ton inconscient, le cobaye d'une « expérience-limite » ? La maladie, ma maladie, t'a fait fuir, suivant le principe de la méthode *couard.* Il est ignoble que, connaissant mon état, tu ne m'aies pas adressé le moindre petit mot, ni le moindre coup de fil. Il est vrai que tu faisais toujours comme si le sida n'existait pas. Le sujet était tabou. Alors il ne fallait surtout pas qu'E., en personne, fût associé de près ou de loin à un sidéen. J'ai eu, dans un premier temps, la candeur de ne pas croire possible une telle ignominie. Je suis donc tombé de très haut.

La dernière fois que nous nous sommes vus, c'était le cinq février, jour de mon anniversaire. Nous avons dîné chez toi en tête-à-tête. L'ambiance était morne, presque déjà funèbre. Je ne me souviens pas de t'avoir vu me regarder dans les yeux. J'allais partir pour les Canaries et ce dîner serait le dernier. Qu'il le serait dans l'absolu, je pense maintenant que, en bon Judas, tu le savais déjà. Comme cadeau d'anniversaire, tu m'as offert un petit parfumeur d'intérieur en bois poli, venant d'un magasin de gadgets situé à deux pas de ton lieu de travail.

Temps et Mouvement sont indissociablement liés. Le Mouvement est la manifestation du Temps, et celui-ci est indispensable au Mouvement. Or la Vie est la forme la plus évoluée du Mouvement. Il y a eu un Temps sans Vie (mais jamais sans Mouvement) ; la Vie me paraît toutefois inconcevable sans Temps. Vu que l'Eternité serait l'absence de Temps, le concept de Vie Eternelle pose un sérieux problème. Il se présente comme une *contradictio in terminis*. Le bonheur est une *é-motion,* un mouvement. Le Paradis Eternel que l'on nous promet sera-t-il peuplé de statues ? De sel ou d'or, ça ne m'intéresse pas de devenir une statue. Ah, les lois de la physique Métaphysique (ou physique divine) sont décidément bien étranges… et fantaisistes, ajouteraient les mauvaises langues.

Vingt-deux heures (deux heures à Paris). Elle est encore venue, cette satanée fièvre. Sous ma peau brûlante fume un glacier. Ce brouillard givrant me fait à nouveau trembler comme une feuille d'automne. Mes mots, dont les caractères partent furieusement dans tous les sens, ces mots accidentés que je trace en dérapant continuellement, ne seront lisibles que de moi.

Je ne vais pas tarder à me coucher sous l'illusoire chaleur des couvertures. Cette fièvre qui résiste aux plus hautes doses d'acide acétylsalicique, comment la faire tomber ? Faudra-t-il, pour cela, réellement attendre la Mort ?

Le moment venu, j'aimerais *mourire*. Et ne présenter comme seul stigmate de ma passion que la légère tension d'un sourire serein.

« *M. X ?*
— *Cinq lettres.*
— *Mme Y ?*
— *Pas mieux.*
— “ *virus* ”, V.I.R.U.S. ».
(Un jour il y aura mieux, avec six lettres. « S.U.R.V.I.E. »

E., tu as peuplé, à toi tout seul, mes plus beaux rêves. Maintenant encore, tu habites certains de mes songes, tout aussi délicieux — jusqu'au moment où, au sein de l'activité onirique, l'amertume m'envahit, me disant que tels songes ne sont désormais, et à jamais, que mensonges. Alors, ton visage devenu hideux envahit le décor de mon rêve, en filigrane géant. Et le songe idyllique de se transformer en puante *cauchemerde*.

E. m'a régulièrement emmené dîner chez des amis. J'étais le prince qu'on sort.

A l'écriture souveraine, splendide et mystérieuse, s'oppose *l'écrivanité*. Celui qui écrit devrait penser plus souvent à l'ultime page blanche qui clôt ses livres. Elle symbolise tout ce qui manque, tout ce qu'il y a en trop, tout ce qui est mal fait. Chaque livre se termine par une page blanche. Chaque œuvre se termine par une bibliothèque blanche.

« *Un seul être vous manque, et tout est dépeuplé* », écrivit Lamartine. Peut-être. Mais ça n'exclut pas qu'on repeuple. Je repeuple. Je suis pratiquement seul en plein océan, mais je repeuple. D'autant moins laborieusement que ce n'est pas un être qui me manque, mais une relation dont la fin a révélé le tout comme un unilatéral abus de cœur.

Sus aux *écrivaniteux*, ces nains en sueur qui se présentent comme « écrivains » ou « romanciers » après avoir écrit un livre très médiocre. Je préfère être qualifié d'« écrivant ».

Je suis sur le pont supérieur. Le vent, très fort, sollicite mes oreilles comme les applaudissements émus d'une fin de concert classique — une interminable ovation à la splendide harmonie du ciel et de la mer.

« Je meurs » ne devrait pas équivaloir à « Je me meurs », qui devrait signifier : « Je me suicide ». Décision prise, fin arrêtée.

A dix-huit heures trente, nous étions conviés par le commandant à un apéritif. Malgré mon humeur morose, j'ai fait acte de présence. Tout le monde s'était changé sauf moi. C'était une espèce de garden-party organisée sur le pont arrière. La couleur verte du sol pouvait faire penser à une pelouse tondue à ras, et les taches de rouille ressemblaient dès lors à des débuts de taupinières. Il y avait une longue table, un buffet recouvert d'une nappe toute propre, d'une blancheur éclatante assortie aux chemises des officiers. Tout le monde avait un verre à la main, contenant des breuvages souvent multicolores. On discutait vivement, par petits groupes mixtes, équipage et passagers (très british, tout ça, à part la rouille déparant quelque peu le « gazon »).

Je cherchai en vain un endroit où m'asseoir. Il fallait rester debout, ce qui m'est impossible trop longtemps ; je suis donc parti discrètement après avoir, pour la forme, bu l'incontournable « verre de l'amitié » (pour moi, un Coca-Cola).

J'ai demandé à Nicole de venir frapper à ma porte avant le dîner.

Dix-neuf heures (minuit à Paris). Mon moral est très bas. Toute la journée j'ai pensé à mes parents et à mes quelques vrais amis, dont Stéphane, que je connais, « en tout bien tout honneur — honni soit qui mal y pense », depuis que je suis arrivé à Paris il y a plusieurs années. Stéphane a toujours été présent, chaleureux, cordial, fraternel, franc, et ce plus que jamais depuis que je suis tombé malade.

Toute la journée une pensée pénible m'a hanté. Comment puis-je courir tout seul aux antipodes à bord d'un cargo, alors que le temps pour nous aimer est tellement compté ?

Vingt et une heures (une heure à Paris). Je me suis senti très seul pendant le dîner. Tous mes commensaux étaient euphoriques, leurs yeux pétillaient et pleuraient de fous rires sonores, interminables, dépourvus d'objet. Ils avaient manifestement abusé du rhum offert par le commandant.

Il serait malhonnête de ma part de cacher que parfois, peut-être même souvent, mon cheminement vers la Mort m'angoisse au lieu de me passionner. Je suis alors comme le Jockey Perdu de Magritte, affolé de ne pas maîtriser sa monture qui l'emporte au galop vers un but inconnu en suivant une allée inquiétante bordée d'arbres sombres comme la solitude. Ce cheval a la Mort aux dents, à mon cœur défendant.

qui court à la mort à mon coeur qui veut pas.

SAMEDI 6 JUIN

Ce matin, j'ai frappé à la porte de la cabine qu'occupe Nicole. Je lui ai demandé deux enveloppes. Elle me les a aimablement données.

(LETTRE A NICOLE)

« *Chère Nicole,*

Je viens de vous demander deux enveloppes, et vous êtes sans doute bien loin de penser qu'elles vont vous revenir sitôt cette lettre terminée. Il y a plusieurs jours que je ressens le besoin de vous écrire — à vous, et à personne d'autre sur ce bateau, malgré la sympathie que je peux éprouver envers les autres passagers, qui se sont plus ou moins ouvert le cœur les uns aux autres, comme des frères dont l'océan, le temps de cette traversée, a réuni les destins. Destins qui se sépareront à partir de demain, d'une façon que j'ignore. Ce que je sais, c'est que demain nous devons atteindre Fort-de-France et qu'une première dispersion se fera, suivie d'une autre deux jours plus tard, à Pointe-à-Pitre. Où nous quitterez-vous ? Je ne le sais pas. Je sais seulement que vous prendrez bientôt un avion pour le Venezuela, et que vous y entamerez une nouvelle vie. Les autres passagers pensent tous que vous allez rejoindre un homme là-bas, parce que vous êtes très belle. Vous avez, de votre voix douce, démenti cette hypothèse. Et je vous ai crue aussitôt. Ce vers quoi vous allez, c'est la simplicité de vie, la chaleur sincèrement humaine, la vraie liberté dans une région magnifiquement préservée des vices de plus en plus patents de notre société malade d'elle-même.

Sans vous en rendre compte, vous avez très vite gagné ma confiance et mon amitié, qui peut-être s'expriment ici pour la première fois, une pudeur exagérée les ayant jusqu'à présent occultées.

Je peux maintenant vous dire que je porte en moi un lourd secret, que je vais vous révéler parce que vous en êtes digne ; oui, seule vous méritez de me soulager en prenant connaissance de ce que, depuis notre départ du Havre, je m'efforce de cacher.

Il y a un an et demi, j'ai rencontré E., un garçon de mon âge, et, comme quand au cours d'un bel orage deux nuages denses fusionnent avec fracas, il se produisit un coup de foudre sans précédent pour nous deux. Nous ne nous sommes plus quittés, et nous avons, pendant un an, vécu un amour inouï, de ceux, rares, qui concurrencent sérieusement les passions mythiques. Certes, nous étions tous deux séropositifs depuis plusieurs années, mais cela ne gâcha pas notre bonheur — jusqu'au jour où, il y a quelques mois, je tombai brutalement malade. Les dieux étaient-ils jaloux ? En visite chez mes parents, je fus soudainement, devant leurs yeux, victime d'une crise de ce que l'on appelait naguère le « Haut Mal ». Je n'avais pourtant jamais été épileptique de ma vie. Une ambulance me transféra à l'hôpital, où je refis une crise le soir même. Les médecins, que mes parents avaient informés de ma séropositivité (je n'ai jamais rien caché à mes parents — c'est ma façon de les aimer), me gardèrent plusieurs jours en clinique. Il fut procédé à une foule d'examens en tous genres, dont les résultats devaient se révéler très inquiétants à plus d'un titre. Mon taux d'immunité était devenu pour ainsi dire inexistant, et plusieurs affections opportunistes étaient déjà en train d'en profiter sournoisement. Les maladies dites opportunistes ne sont, dans la plupart des cas, pas léthales en elles-mêmes ; il s'agit de pathologies rares mais connues ; elles ne sont pas directement causées par VIH, qui ne fait que leur ouvrir la porte. Il existe contre ces maladies des traitements « au coup par coup » relativement efficaces s'ils sont appliqués de façon précoce. Hélas, je souffre également, et avant tout, d'une encéphalopathie avancée — une atrophie progressive et irréversible du cerveau. Cette maladie qui, au stade où j'en suis, provoque des troubles de mémoire, des troubles moteurs, des troubles de la vision et de l'ouïe, et de fréquents troubles de l'équilibre, est malheureusement l'apanage de VIH lui-même *qui, comme dans une chasse gardée, grignote jalousement et avec voracité la périphérie de mes « cellules grises ». Or, il n'existe, pour l'heure qui presse, aucun médicament capable de combattre durablement VIH. L'AZT, que je prends quatre fois par jour et dont je supporte heureusement la haute toxicité, n'offre que quelques mois d'une accalmie toute relative de l'activité virale. Ensuite, cette substance perd son efficacité — mais reste nocive pour l'organisme.*

Pour le moment, outre l'AZT, je prends plusieurs fois par jour une dérisoire batterie de médicaments qui finiront comme une ligne Maginot. Je les avale clandestinement dans ma cabine, tel un drogué aux abois. Voilà pourquoi je suis parfois légèrement en retard aux repas.

Nicole, il faut que vous me croyiez : sur ce navire comme partout ailleurs, l'obsession de contaminer accidentellement quelqu'un ne me quitte à aucun instant. Ici à bord, par exemple, je cache mes rasoirs au fond de ma valise de médicaments (elle-même dissimulée tant bien que mal — sait-on jamais) afin d'éviter le moindre risque que notre « homme de chambre », qui le matin vient faire nos lits et nettoyer nos lavabos, se trouve malencontreusement en contact avec VIH. C'est précisément parce que je prends les précautions qui s'imposent que j'estime en âme et conscience avoir le droit au secret, pour éviter, sur ce bateau qui est un microcosme isolé au beau milieu de l'océan, un éventuel phénomène d'exclusion assorti ou non d'un vent de panique; pour éviter, aussi, ce qui serait probablement le pire : n'être vu que comme sidéen à « consoler », à entourer d'attentions particulières, par pitié. *Comme ils se tromperaient! En effet, après le traumatisme initial, mon sida est rapidement devenu une passion exaltante, qui changea ma vie, sur laquelle j'ouvre désormais tous les jours, de plus en plus, des yeux émerveillés. Quel bien précieux que ce restant de vie! Le « condamné » qui ne s'ignore pas peut vivre, de façon privilégiée, l'intensité flamboyante du crépuscule. Réservons plutôt notre compassion aux humains qui, sur leur lit de mort, sont pris d'un ultime et fatal sursaut d'horreur en se rendant compte, trop tard, qu'ils sont en train de mourir sans avoir vécu, « comme on perdrait un diamant avec l'eau du bain », pour citer mes notes.*

Je suis donc bel et bien heureux, d'un bonheur vif et lucide. Je jouis de ce que m'offre la maladie : un tout autre regard sur la Vie, et, tel un défi édifiant, l'occasion de développer et d'exercer mon courage. Mon esprit ne s'assombrit que lors des épisodes de souffrance physique et quand je pense à E., ce garçon que j'ai tant aimé et qui, depuis qu'il me sait sidéen, a tout fait pour disparaître aussitôt de ma vie chancelante, comme un rat quittant un navire en perdition. Je n'ai, du jour au lendemain, plus jamais eu de ses nouvelles.

Voilà, je vous ai livré mon secret qui en est devenu moins pesant. J'ai soulevé, le temps de ces lignes, la chape de plomb dont je l'avais soigneusement recouvert. Un petit courant d'air frais et un rayon de soleil ont caressé cette partie obscure et renfermée de mon cœur, que je m'apprête à resceller jusqu'au Havre.

Une chose encore : je désire que vous brûliez cette lettre. Je souhaite que vous n'en gardiez le souvenir que dans votre cœur, puisque c'est le mien qui a parlé. Du reste, il me plaît de l'imaginer incinérée, discrètement retournée à l'Eternité.

Nicole, moi qui n'embrasse jamais personne, même par écrit, je vous étreins, si vous me l'accordez, avec beaucoup d'émotion. De tout mon cœur je vous souhaite de vivre la vie dont vous rêvez, là-bas, au Venezuela.

Pascal. »

Seize heures (vingt et une heure à Paris). J'ai rendu à Nicole, l'une recelant l'autre, les deux enveloppes qu'elle m'avait données ce matin. Sur l'enveloppe extérieure, j'ai écrit : « Pour Nicole ». A l'intérieur, elle trouvera l'autre, pliée en deux, et portant, en majuscules d'imprimerie, la mention d'autant plus impérative : « À N'OUVRIR QU'À BORD DE L'AVION. »

J'ai oublié : au déjeuner les passagers m'ont fait remarquer que je changeais de peau, comme les reptiles. Et c'est vrai : mon visage couvert de squames s'apprête à faire peau neuve. Ce qu'ils ne voient pas, c'est que mon cœur, lui aussi, pèle.

DIMANCHE 7 JUIN

Dimanche de Pentecôte

Je me suis réveillé à cinq heures du matin. A travers l'épaisse vitre de mes deux sabords, je pouvais voir, telles des colonies isolées de lucioles jaunes et blanches dans l'obscurité encore totale, les lumières veilleuses de deux ou trois villages martiniquais.

E., il y a cent vingt jours débutait ton silence, juste après que se fut déclarée ma maladie. Ce sont les cent vingt premiers jours d'un mutisme que maintenant je souhaite définitif. Ne t'avise pas, un jour, comptant sur le temps qui aurait passé, de me recontacter « à titre amical ». Je ne veux pas d'un « ami » comme toi.

E., la façon dont tu m'as laissé tomber, ainsi que tes motifs inavoués, me permettent de t'accuser de crime contre mon humanité.

38° 8 le matin. Ma passion serait-elle plus forte que celle des deux héros du roman de Djian, juste un peu fébriles ?

Frères sidéens, j'en témoigne : notre maladie n'est pas fatalement *éprouvantable*.

Inferme devant la Mort, je la sais toute proche ; nous nous saluons déjà parfois de loin, timidement, prolégomènes de plus en plus captivants à une rencontre future.

Nous avions levé l'ancre au Havre le jour de l'Ascension, et nous avons mouillé en rade de Fort-de-France cette nuit de Pentecôte. Cette prouesse religieuse est évidemment fortuite ; elle n'en est pas moins symbolique — peut-être d'autant plus. Dieu me ferait-il un clin d'œil ? C'est tout de même peu probable, et de toute façon notre arrivée au Havre ne se fera ni à Pâques, ni à la Trinité…

Ceci est un journal infime — avec beaucoup d'espaces blancs où se loge, invisible, l'indicible.

Dix-sept heures (vingt-trois heures à Paris). Cette Martinique vers laquelle notre cargo a fait route jour et nuit, d'une seule traite, propulsé par des machines infernales qui, titanesques, ne se sont pas arrêtées une seule fois — cette Martinique est, depuis ce matin, devant nous, à quelques jets de galets ; on distingue les habitations, la verdure luxuriante, les montagnes enveloppées d'une brume qui les relie aux nuages ; en ce jour férié, tels des insectes énervants aux couleurs fluorescentes, des surfeurs viennent narguer notre gros bateau avant de regagner la terre. Serions-nous victimes d'une mystérieuse quarantaine ?

Il fait chaud et humide. L'atmosphère extérieure est emplie d'une torpeur lourde. Toute la journée je suis resté tapi dans ma cabine climatisée, où, abruti et allongé sur le lit, j'ai passé beaucoup de temps à ne rien faire d'autre que de regarder vaguement la danse anarchique des volutes bleues s'échappant de mes cigarettes. Volutes d'ailleurs plutôt argentées, rendues comme phosphorescentes par la lumière du soleil que les hublots concentraient en rayons denses, comme ceux qui traversent les vitraux d'église.

Dix-neuf heures (une heure à Paris). Nous accostons enfin. Il souffle un petit vent agréablement rafraîchissant. Sous le ciel rose foncé moucheté de nuages gris-noir qui participent à l'imminence de la nuit, Fort-de-France brille silencieusement de toutes ses lumières éparses. En face de nous, de l'autre côté de la rade, se repose avec dignité un très beau paquebot blanc (celui du marquis di Gorgonzola, l'affreux Rastapopoulos ?) décoré de bout en bout par une grosse guirlande lumineuse. L'atmosphère, encore si lourde il y a une heure ou deux, est maintenant féerique et sereine, presque onirique.

Prolétaire ravi sur mon vieux rafiot qui aurait pu s'appeler le *Karaboudjan* du *Crabe aux pinces d'Or*, j'observe aux jumelles les bourgeois du paquebot qui prennent l'air avant le dîner. La brise fait frémir les robes et soulève les cravates.

Etonnante *mysterre* que nous foulons trop souvent blasés.

LUNDI 8 JUIN
Lundi de Pentecôte

Dix heures quarante (seize heures quarante à Paris). Je me trouve dans un estaminet du centre de Fort-de-France. Je viens de vivre, une fois de plus, le cauchemar de mes défaillances cérébrales. En pleine rue, j'ai petit à petit perdu la vue des couleurs, et finalement mon corps a chancelé ; je me suis aussitôt affalé sur le bord du trottoir. J'ai essayé de me détendre et de récupérer un peu. J'avais trop marché dans les rues encombrées, sous un soleil de plomb, à la recherche désespérée d'un café ou d'un banc où je pourrais m'asseoir, car j'avais pressenti l'imminence de la syncope. Hélas ! (peut-être n'était-ce qu'une impression ? Ou mon délire montant m'empêchait-il de les voir ?), il y a très peu de cafés et de bancs au centre de la ville. La plupart doivent se trouver en bord de mer. Néanmoins, j'ai fini par trouver. Je me suis fait servir un Coca. Je crois que je vais retourner à bord très vite, pour m'allonger. Le constat est amer : je ne suis plus capable de marcher plus de cinq ou dix minutes sans problèmes de vision, d'équilibre et d'épuisement. En dehors de la souffrance physique proprement dite, heureusement peu fréquente, c'est l'une des servitudes les plus pénibles que m'impose mon corps malade. En Europe, j'essaierai de retrouver la canne de feu mon grand-père.

Dix-sept heures (vingt-trois heures à Paris). Je suis resté tout l'après-midi cloîtré dans la fraîcheur de ma cabine, en proie à des pensées sinistres. Peut-être est-ce la première fois que je réalise *vraiment* l'aggravation irréversible de la détérioration de mon cerveau. Je ne pourrai vraisemblablement plus jamais marcher et me promener comme tout le monde ; la simple station debout, ne fût-ce que quelques minutes, suffit à faire naître les premiers symptômes de mes malaises, que l'angoisse contribue alors à mener à leur paroxysme.

Cet état me révolte plus qu'il ne m'abat. Je lutte et je ne cesserai de lutter ; même aux moments les plus noirs, une veilleuse, aussi faible soit-elle, brillera toujours dans mon cœur éprouvé. Le jour où elle s'éteindra, mon cœur aussi cessera de battre.

Dix-huit heures (minuit à Paris). J'ai repris le dessus, je me sens mieux. Maintenant je parviens même à sourire avec amusement à l'idée que ce matin, lors de l'incident, tous les Martiniquais étaient devenus blancs.

Dix-huit heures trente (minuit trente à Paris). Je viens tout à coup de me souvenir que ce matin, en ville, j'ai acheté une carte de téléphone et que j'ai joint mes parents depuis un bureau de poste. Je ne parviens pas à me rappeler le contenu de la conversation, ni si c'est à mon père ou à ma mère que j'ai parlé ; peut-être les ai-je eus tous les deux. J'espère ne pas les avoir inquiétés par des propos incohérents. Je leur retéléphonerai de Pointe-à-Pitre dès demain.

(En réalité j'avais encore eu un malaise, je m'étais écroulé avec le combiné pendouillant au-dessus de moi. Mon père m'avouerait plus tard qu'il n'en avait pas dormi de la nuit.)

Je l'ai lu dans *France-Antilles* : le paquebot qui nous fait face s'appelle le *Monarch of the Seas*. J'imagine qu'on vient en avion, surtout des Etats-Unis, pour faire une balade dans les Caraïbes à bord de ce dandy des mers au nom pompeux.

Un jour, ce coup de fil, ce dernier *vrai* coup de fil. J'étais aux Canaries, et par-dessus l'océan ta sentence est tombée, gênée mais ferme, celle pour laquelle tu avais attendu que nous nous trouvions loin, très loin l'un de l'autre, afin de ne pas devoir me regarder dans les yeux, ou, plus encore, d'être regardé par les miens. Donc, nous ne nous verrions plus. « Il vaut mieux qu'on ne se voie plus. » Décret sec. Bulle qui m'a explosé au visage. Nous ne nous verrions plus ; je savais que toi tu ne me voyais plus depuis longtemps, mais la confirmation — et son procédé, le tien — furent durs, extrêmement durs.

Si j'aime mon sida, ce n'est pas seulement parce qu'il me fait vivre plus intensément que jamais ; je l'aime aussi parce qu'il est *unique*. Il m'est, en quelque sorte et si j'ose dire, « propre ». Il n'y a pas deux sidas identiques. Les formes en sont infiniment riches. En cela mon sida me « surdétermine », il me propose une dimension d'unicité supplémentaire. Il est comme le revers pathologique de mon être unique.

Sans verser pour autant dans la prétention ou la vanité, chacun devrait caresser les plus hautes ambitions à propos du sens de sa vie, pour ne pas courir le risque de ressentir son existence comme absurde, d'être comme un phare d'eau douce balayant dérisoirement, de sa lumière superflue, les berges d'un lac trop petit. Grande est la Vie, rendons-le-lui !

E. dixit : « ... notre amour, scellé pour toujours... » *Sceautises.*

Je ne sais de combien de poupées russes je suis fait. Je sais seulement que la plus grande est vermoulue, et que la plus petite est fendue.

MARDI 9 JUIN

Quinze heures (vingt et une heures à Paris). Nous avons appareillé hier soir pour la Guadeloupe où nous sommes arrivés tôt ce matin. Quatre passagers sur sept nous ont quittés ici. Les adieux furent sincèrement émouvants. On ne se connaissait pas une dizaine de jours auparavant, mais des liens s'étaient créés (surtout entre eux, moi j'étais un cas spécial, une espèce de fantasmatique ermite-écrivain).

Evidemment — cela allait de soi, mais on se le répétait à l'envi — on s'écrirait, on s'appellerait, on s'enverrait des photos faites pendant le voyage — et puis, mais oui, on se reverrait. Mais moi je savais que je ne reverrais jamais ces quatre visages, dont celui de Nicole. Nicole qui lira ma lettre, comme promis, dans l'avion qui l'emmènera au Venezuela, après-demain matin.

Depuis maintenant plus d'une heure, je suis paisiblement attablé à la terrasse d'un vieux bistrot créole peint de couleurs qui naguère ont dû être vives et joyeuses : jaune, vert, rouge, bleu clair. Sa petite façade est aujourd'hui moins éclatante et toute lézardée. Ce sont le temps et le Temps qui lui ont grignoté sa flamboyance, lui substituant un charme différent.

Cet endroit se situe Place de la Victoire, dans le vieux quartier de Pointe-à-Pitre. Je m'y sens bien. Il est ombragé par la verdure de nombreux arbres, une verdure dense, foncée et frémissante dans la brise placide qui rafraîchit. (Comment imaginer qu'un arbre séculaire fut déraciné par un ouragan ici même, il y a quelques années, comme l'atteste, avec sobriété et solennité, une plaque officielle financée par la municipalité ?) Oui, réellement, je me sens très bien ; rien à voir avec le calvaire que j'ai subi hier à Fort-de-France.

Et aussi, j'ai réussi à joindre mes parents depuis la cabine en plein air qui se trouve au coin de cette petite place charmante. Tout en caressant les feuilles d'un palmier qui s'introduisait au-dessus du téléphone, je les ai rassurés sur mon état. Ils me confirmèrent que la veille, comme je l'avais redouté, ils avaient été inquiétés par ma voix hagarde suivie d'un brusque silence — ou plutôt des seuls bruits de l'effervescence au bureau de poste. « Ça va beaucoup mieux maintenant », ai-je conclu avec une sincérité réelle qui, d'autres fois, l'est moins.

J'ai fait venir la serveuse pour lui demander qui était le monsieur en pierre trônant au milieu de la place en me tournant le dos avec superbe. Elle ne savait pas, mais allait se renseigner auprès de la patronne. Elle est revenue l'air un peu plus docte : il s'agissait d'une statue représentant le Gouverneur Félix Eboué.

Dix-sept heures (vingt-trois heures à Paris). Des trombes d'eau s'abattent soudainement sur mon petit paradis terrestre — mais qu'importe, j'ai profité deux heures durant d'une belle sérénité antédiluvienne.

E., souviens-toi de notre rencontre : nous nous sommes dévisagés, et très vite nous nous sommes envisagés. Maintenant tu viens de me *disvisager* de ta vie.

Dans l'existence (et jusqu'à preuve du contraire), cent pour cent de ceux qui ont tenté leur vie ont gagné la Mort.

Tant de soleils se sont levés. Silencieux. J'attends celui de demain, qui sera encore plus splendide que celui d'aujourd'hui. Depuis que je suis malade, le soleil est chaque jour plus beau. Le ciel bleu est un cyclope ; son œil est en or. Et chaque nuit de pleine lune est un cyclope à l'œil de platine.

Je fume, je fume beaucoup trop, parfois jusqu'à l'étourdissement. Je joue avec feu ma santé comme un chat s'amuse avec une souris morte.

E., tu étais mon écureuil d'Australie (il n'y a pas d'écureuils en Australie).

Nous sommes donc trois passagers à faire la « boucle » jusqu'au Havre : Jeanne, soixante-douze ans, Xavier, vingt ans, et moi. Jeanne représente la vieillesse — une vieillesse certes alerte et vive, mais revendiquée. Jeanne vit seule dans un *mobil home* et sillonne la France pour rendre visite à ses huit enfants et à la kyrielle de ses petits-enfants. De temps en temps, elle s'évade à bord d'un cargo, par exemple à destination du Chili, mais ne descend *jamais* à terre. C'est sans doute parce qu'elle n'a pas de problème de santé que Jeanne se plaît à se dire vieille. J'y vois une espèce de petite coquetterie, tant son dynamisme la fait paraître au contraire très jeune. Xavier, lui, incarne la jeunesse, dont il resplendit de façon presque tangible, d'une forte aura juvénile. Il a à peu près l'âge qu'avaient mes élèves (j'ai été professeur de philosophie à Paris). Et puis il y a moi, jeune et vieux à la fois, synthèse trinitaire parfaite. Vieux, je le suis par mon espérance de vie réduite à une peau de chagrin ; et jeune, je pense l'être par la vie, en moi, d'une espérance : celle de vivre de plus en plus intensément l'épilogue de mon existence.

Jeanne et Xavier, ce public restreint et peut-être plus observateur, voient-ils que sous la plage futile de mes sourires déférents mais indifférents, courtois mais vagues, sociables mais distraits, reposent lourdement les pavés d'une Mort qui s'installe ? Ont-ils trouvé le secret et sinueux chemin qui débute parfois dans l'éclat terriblement pâle de mes yeux vitreux ?

Il pèse quelque part en moi sur le Monde, ou dans le Monde sur moi, une loi d'airain. Recraché à la liberté, c'est-à-dire à la solitude, je me sens parfois comme enfermé dehors. Ils sont durs, les barreaux de la liberté. Aucune lime ne peut en venir à bout, si ce n'est cette limite qu'est la Mort.

Celui qui veut mourir dispute une course *pour* la montre.

MERCREDI 10 JUIN

Quinze heures (vingt et une heures à Paris). J'ai passé toute la matinée et ce début d'après-midi dans mon lit. Je ne souffre d'aucun endroit en particulier (si ce n'est des yeux qui, ouverts ou fermés, crépitent et larmoient) ; non, je me sens tout simplement mal dans ma peau et totalement épuisé dans mon corps maigre aux teintes jaunes et grises.

Lu dans *France-Antilles* que Xavier m'a acheté en ville : « Le bac commence demain avec l'épreuve de philosophie. » Nostalgie. Cette année, je ne corrigerai pas de copies.

France-Antilles, quotidien hallucinant qui consacre aujourd'hui en page deux tout un article à un certain Franck Laurent, qui a gagné mille francs au bingo. « Que va-t-il en faire ? Reste *(sic)* une énigme *(re-sic)* que pour l'heure, il a du mal à élucider *(re-re-sic)*. »

Pour Sartre, « *les salauds sont (…) des gens qui mettent leur liberté à se faire reconnaître comme bons par les autres, alors qu'en réalité ils sont mauvais à cause de leur activité même* ». E., tu es un salaud au sens sartrien. Derrière une façade fleurie et soignée, tu caches une ruine de laideur. Mais il y en a tellement comme toi…

JEUDI 11 JUIN

La Vie est à l'agonie ce qu'est une cigarette allumée à celle, écrasée dans un cendrier, qui s'obstine à ne pas vouloir s'éteindre. De plaisir, la fumée devient alors agression insolente.

Explorez délicatement le préservatif pour trouver le réservoir, et donc le bon sens. Qu'il se déchire une seule fois peut être, pour toujours, déchirant.

Je viens de remarquer en inspectant ma gorge dans le miroir qu'elle était à nouveau tapissée de colonies de *Candida albicans*. Candida albicans est une affection opportuniste : c'est un champignon blanc qui s'épanouit dans la bouche, la gorge et l'œsophage. J'en suis régulièrement atteint. Il existe un traitement qui élimine cette mycose ; mais il ne peut empêcher les rechutes, inéluctables. Prévoyant, j'ai emporté le médicament adéquat, que je vais prendre pendant une semaine, comme d'habitude.

E., que tu eusses un fils de dix ans que tu n'avais jamais voulu connaître ; que tu eusses, avant même la naissance, laissé tomber sa mère du jour au lendemain, cela m'avait terriblement choqué lorsque tu me l'avais raconté sur un ton banal, inhumain. Peut-être pis encore, tu te targuais aussi, sans ciller, d'avoir offert à l'un de tes amants le cadeau le plus empoisonné qui soit, lors de vos ébats, propulsant dans son corps vierge la Vie et la Mort.

Ces deux choses ignobles, je les vois comme d'immenses crapauds entachant la gemme qu'était ton cœur. Gemme restée longtemps mystérieuse et splendide comme un Graal minéral, émeraude scintillante de ses braises vertes, désormais éteintes, et exhibant, dans son vert-bouteille, les deux crapauds encore plus laids.

Les hommes ne sont pas égaux, ils ne sont pas à égale distance du Mystère.

Je ne me *solimains* plus, parce que je n'en vis plus l'envie — ni même l'envie de l'envie.

Je me souviens : le premier jour j'ai demandé d'un ton innocent au commandant s'il y avait un médecin à bord. « Non, m'a-t-il répondu, il n'y a pas de médecin à bord. » Cette phrase me glaça, je la pris comme celle de l'hôtesse de l'air prévenant avec effroi qu'il n'y a plus de pilote dans l'avion. « En revanche, nous avons une pharmacie très fournie. » Sans pharmacien, bien sûr. Plus tard, j'ai su que c'était le maître d'hôtel qui s'en occupait...

E., quand ma jeune sœur s'est fiancée avec celui qui deviendrait son mari, ils ont offert, symbole touchant, un couple de cygnes à mes parents. Des cygnes blancs dont la grâce allait évoluer sur les eaux verdâtres de l'étang qui agrémente la propriété familiale, boisée d'un vert plus sombre que celui de l'eau, ce vert d'aquarelle. Plus tard, bien plus tard, ma sœur était mariée, avait un enfant et en attendait un deuxième, nous nous sommes rencontrés, toi et moi. Un an après, un an comme une vie, tu me quittais sans même avoir le cran de me dire : « Je te quitte. » Il était tellement plus facile d'attendre mon appel et de me dire : « Je crois qu'il faudrait qu'on ne se voie plus. »

La veille de mon départ pour Le Havre, j'ai fait, en solitaire, une promenade dans le jardin de mes parents. Arrivé loin, très loin, au fond de cet *univert* qui fut le royaume de mon enfance et de ses rêves, j'ai surpris, dans la partie « secrète » de l'étang, celle qu'on n'aperçoit pas depuis la maison, le couple de cygnes, toujours aussi majestueux, toujours aussi uni. Et j'ai pensé que tu avais quelque chose de sous-bestial.

VENDREDI 12 JUIN

Midi (seize heures à Paris). Hier soir, nous avons quitté Pointe-à-Pitre très tard, et nous sommes arrivés à Fort-de-France aux premières lueurs de l'aube, alors que la ville troquait son éclairage public contre la lumière du jour. Ni le départ ni l'arrivée ne m'ont réveillé. J'ai passé une très bonne nuit.

Ce matin, à sept heures trente, Nicole a dû s'envoler pour le Venezuela. Comme convenu, elle a probablement lu ma lettre qu'elle avait, à ma demande, gardée scellée pendant plusieurs jours. Maintenant elle sait tout.

Mourir — gravir une myriade de marches lumineuses et épuisantes.

La Vie : inspirer, expirer, inspirer, expirer, inspirer (...), EXPIRER.

Lourdes ? Les déceptions, surtout. Quand j'avais dix-neuf ans, je m'y suis fait des muscles en promenant des malheureux qui n'en avaient jamais eu. Je voulais devenir prêtre. Dans le train du retour, moins de chants qu'à l'aller, plus d'amertume. Pourtant, le leitmotiv du gentil clergé organisateur dans ses sermons à la basilique souterraine était futé : « Les guérisons spontanées sont extrêmement rares. Guérir est en général une grâce très lente que vous accordera le Seigneur si vous persévérez dans la foi. »

Six mois plus tard, en attendant d'entrer au séminaire, j'ai rejoint sœur Emmanuelle au Caire. Je fus interprète d'arabe pour une pédiatre bordelaise. J'alphabétisais aussi des hommes adultes, très vexés de me voir connaître leur langue écrite — ce qui leur faisait faire des progrès rapides.

Un jour, le drame. Il mûrissait en moi depuis quelque temps déjà. Subjugué par la lecture du Coran en version originale, ensorcelé jour après jour, nuit après nuit par les appels à la prière des huit cents muezzins du Caire, je me suis converti à l'islam — ce qui m'a sauvé de la prêtrise. J'ai toujours, comme souvenir, mon certificat de religion musulmane délivré par les plus hautes autorités d'al-Azhar. Je n'ai pas caché ma conversion à sœur Emmanuelle, qui me suggéra de partir du bidonville, parce que si les Coptes dont nous nous occupions apprenaient que j'étais devenu musulman, cela pourrait provoquer des réactions imprévisibles. Je rentrai donc en Europe. Je suis resté musulman peu de temps, jusqu'à ce que mes études de philosophie, et en particulier la lecture approfondie de la *Critique de la raison pure* de Kant, fissent de moi un agnostique très résolu. Pour l'islam, je suis donc un apostat, passible — étranger ou non — de la peine de mort dans les pays où la shari'a est appliquée.

E., ton cœur, ce théâtre hiérarchisé, a brisé le mien. Cœur-à-cœur inégal à l'issue duquel j'ai été expulsé de la loge d'honneur, pour ne même pas avoir droit au moindre strapontin en fond de salle. Ton silence est ignoble.

Mon visage est souvent livide, précadavérique, et toujours maigre, osseux, frappé d'éthiopisme, contrastant avec mes yeux immenses, écarquillés, tout grands ouverts sur ce Monde qui, avant de disparaître, m'émerveille toujours plus, *toutes-nuits* plus.

Tel prend, en pleine figure, qui croyait être pris dans des bras réellement amoureux.

Yves Navarre écrivait : « *Entre garçons, c'est toujours lézardé d'avance.* » Ne partageant pas le caractère absolu de ce pessimisme, force m'est toutefois de constater que les passions entre garçons sont souvent éphémères, orageuses, peuvent brûler très fort et s'éteindre très vite. Alors les garçons, maladroits, se cognent, s'accidentent, se blessent, se font du mal.

Dieu, il est des moments où je te donne *oraison*, parce que le Monde m'enchante. Mais je déchante souvent à la pensée de l'horreur qu'il ne recèle que trop. Alors je Te vitupère avec véhémence — sans que je Te blasphème, parce que lors de mes colères contre Toi, je suis persuadé de Ton inexistence, que je Te reproche dans un vide qui me désespère. Equilibriste perplexe, je vis, certain de l'incertitude, sur l'étroit fléau d'une balance opposant ceux qui croient à ceux qui nient.

Sida mon amour. Toi au moins, tu me resteras fidèle jusqu'à la Mort.

Je ne relis jamais aucun feuillet de ce journal, mais je soupçonne ses contradictions sans doute déroutantes. Il est des jours où je parle de mon sida comme d'une lourde croix de béton rugueux que je porterais péniblement et qui me déchirerait le dos nu jusqu'au sang. D'autres fois, je le magnifie comme un intime et précieux compagnon de vie grâce auquel les choses de l'existence me paraissent plus extraordinaires que jamais auparavant. Sida mon calvaire, sida mon amour, j'entretiens avec toi une relation passionnelle que je n'envisage pas de fuir.

SAMEDI 13 JUIN

Huit heures (quatorze heures à Paris). Ce n'est pas toujours facile. Au petit déjeuner, il fut encore question du sida, avec son cortège d'horreurs et de dureté, évidemment innocentes. Ils ne savent pas. J'ai dû, par politesse et pour ne pas éveiller de soupçons, acquiescer, renchérir même, tout en évitant d'exprimer autre chose que ce qu'apprend au grand public la simple vulgarisation. La manifestation de connaissances plus approfondies eût été suspecte : ils savent bien que je ne suis pas étudiant en médecine. Des mots haineux ou cyniques furent lâchés : « vengeance divine », « sélection naturelle ».

Dans ces situations pénibles, mon cœur s'arcboute sur une paire de béquilles branlantes, comme raccommodées par de vieilles ficelles. Je crâne le plus longtemps possible. Ensuite, dans la solitude de ma cabine, il arrive que les béquilles s'effondrent et que je fonde en larmes, de tristesse et de tension nerveuse. Mais je finis toujours par retrouver mes ressources vitales. Il est encore loin le matin où mes draps se seront mués en linceul.

J'ai oublié : hier soir, juste avant notre départ de Pointe-à-Pitre, un quatrième passager s'est joint à nous. C'est un Guadeloupéen d'une cinquantaine d'années, ancien marin de la CGM, qui voyage gratuitement, comme Xavier. Après sept mois passés au pays, essentiellement pour retaper la maison de ses vieux parents mise à mal par quelques ouragans, il retourne à Dunkerque où (quelle drôle d'idée) il habite depuis trente ans. Il a l'air gentil et sociable, notre entente sera cordiale. Il s'appelle Paul.

Notre maître d'hôtel m'a expliqué que dorénavant ce serait lui ou son aide qui rafraîchiraient nos cabines le matin. Notre « homme de chambre », un bon bougre entre deux âges, très probablement analphabète et usant d'un vocabulaire aussi limité que mal articulé, a été renvoyé chez lui en avion par la CGM, parce que pour le retour le quorum des passagers n'était pas atteint. Il n'en eût fallu qu'un de plus pour qu'il pût rester à bord. Il a gardé espoir jusqu'à la fin, en vain. Je suis content de lui avoir donné un bon pourboire qui a illuminé son visage. Je l'aimais bien. J'ai demandé son nom au maître d'hôtel ; il m'a répondu qu'il *n'avait pas de prénom,* et qu'on surnommait ce pauvre diable, toujours transpirant de serviabilité, simplement

« Johnny ». Adieu, Johnny. A eux de les faire, maintenant, tes basses besognes, tes tâches ingrates que tu accomplissais en sifflant affreusement faux.

Comme son père travaille à la CGM, Xavier voyage à l'œil — qu'il a pétillant, propre à une certaine jeunesse pure, optimiste, insouciante et enthousiaste, une jeunesse qui a toute la vie devant elle et ne pense jamais à la Mort.

Lors du Jugement Dernier, *qui jugera qui ?* Le *Tout-Puissant* échappera-t-il à l'accusation de non-assistance à humanité en souffrance — en souffrance de bonheur, de justice et de paix ? Si la souffrance était quantifiable, la moindre once de misère serait inacceptable dans l'hypothèse où Dieu existe.

« *Nous n'avons qu'une ressource avec la Mort, faire de l'art avant elle* », a écrit René Char. Je ne suis pas du tout persuadé que cela soit exact. La Mort fait déjà de l'art en moi — mon sida est-il autre chose que son œuvre en création ? Il ne s'agit plus pour moi de faire de l'art *avant* la Mort. Il s'agit pour moi de faire de l'art *en même temps* que la Mort — et en l'exploitant sans états d'âme ni vergogne aucune —, je trouve que c'est déjà assez cher payé comme ça.

L'Etre humain est le seul animal pour lequel vivre est un métier — voire une *profession* de *foi* qui rend le suicide si peu fréquent ; le travail est une obligation, la foi est une consolation.

E., sans t'en expliquer autrement que par un mutisme qui en dit long sur ton courage — ce que j'appellerais ton manque absolu de « virilité morale » —, tu as changé d'*à-vie.* Peut-être es-tu déjà en train de mentir « toujours » à quelqu'un dont tu t'enfuiras s'il devient sidéen.

La musique adoucit la Mort.

Dieu, où es-tu ? Si vraiment Tu es le compositeur-chef d'orchestre de l'Existence, pourquoi sabordes-Tu à chaque instant Ta propre œuvre ? Pourquoi les violons suintent-ils du sang des guerres ?

DIMANCHE 14 JUIN

Vers midi, juste avant le déjeuner, j'ai senti monter en moi l'un de ces satanés malaises qui m'empoisonnent des moments de vie. A peine étais-je couché en espérant que ça passe, que Xavier est venu frapper pour me dire que c'était l'heure. Je lui ai bredouillé que j'arrivais. Mais j'ai préféré rester allongé quelques instants. C'est alors le maître d'hôtel qui est venu tambouriner à ma porte, en disant que j'étais très en retard, que tout le monde avait déjà terminé son hors-d'œuvre. Bien qu'il commençât à m'énerver très sérieusement en me persécutant de la sorte, je lui ai répondu que j'allais descendre tout de suite. Mais quand j'ai voulu me lever, mes jambes ne m'ont pas soutenu, je ne parvenais pas à rester debout. Je me suis recouché un instant ; un peu plus tard ça allait mieux, je pouvais marcher. Toutefois, après être sorti péniblement de la cabine, je n'ai pas réussi à mettre la clé dans la serrure. La station debout a fini par me faire tomber en syncope. Au cours de cette chute, je me suis blessé à la nuque en heurtant la poignée d'une autre porte. Je ne sais pas combien de temps je suis resté ainsi, par terre. Il n'y avait personne pour me secourir, le couloir était vide, tout le monde mangeait. Finalement j'ai fait un effort surhumain pour gagner la salle à manger. Ils en étaient au dessert. J'ai laborieusement mangé un fruit, tellement machinalement que je ne me souviens plus lequel. Le plus discrètement possible, ils m'ont regardé comme un zombi.

Quatorze heures (vingt heures à Paris) : nous levons l'ancre. Cette attente dans les ports me pesait, j'avais hâte de retrouver la haute mer et le grand air.

Je confie mon voyage à Adéona, divinité romaine invoquée par ceux qui revenaient.

Adieu, chères Antilles. Je ne vous reverrai certainement jamais.

Une pensée très agréable me fait soupirer d'aise : à partir de cet après-midi et pendant les neuf jours de mer, quoi qu'il puisse arriver, ils seront bien obligés de me garder à bord. Mon cauchemar eût été d'être hospitalisé à Fort-de-France ou à Pointe-à-Pitre, puis d'être rapatrié par avion comme le pauvre Johnny. Non, désormais, c'est sûr : ils ne m'amputeront pas mon aventure. Ils ne me voleront pas mon second Atlantique, pour lequel je mobilise avec enthousiasme toutes mes forces vitales.

E., cette phrase de Stefan Zweig (dans *Lettre d'une inconnue*) s'applique à toi de façon frappante : « *Tu veux goûter sans mesure à toutes les joies du monde, mais tu ne veux pas de sacrifice.* » Ou celle-ci encore, extraite de la même nouvelle : « *Ton amour ne va pas à l'homme qui est dans le besoin et la peine, de préférence à un frère qui est dans le bonheur.* »

Notre *prochain* — cette notion chrétienne a quelque chose de toujours futur, comme si les commandements dont nous sommes le sujet et lui l'objet ne s'étaient jamais accomplis, et ne le seraient que dans un vague avenir. C'est ce qu'on pourrait appeler la procrastination de l'application de bonnes intentions.

Cet océan si bleu, que le ciel, d'une teinte semblable mais plus lumineuse, plus éthérée, rend encore plus bleu, fluctuant de majesté infinie, me dépayse à la perfection de l'hôpital blanc, avec son sinistre et sonore sol blanc, des blouses blanches dans lesquelles vont et viennent des visages blancs ou roses, préoccupés ou souriants, parfois grimaçants, toujours affairés, se croisant vélocement comme dans une ruche.

Il m'arrive souvent de penser aux infirmières. Je

les vois, regards pacifiquement détournés, sourires d'embarras ou de compassion, me parler de futilités comme à un enfant, pendant qu'elles enfilent, parfois avec très peu de dextérité, leurs gants en latex. Blancs.

Longtemps sidérable, nouvellement sidéré pour de bon, je ne suis pas terrorisé par le sida, cette chose même qui me fait écrire, écrire précisément ceci. Mon corps vit une mutation perpétuelle pour laquelle je me passionne. A chaque avatar (fièvre, douleur, malaise...), je cherche à savoir ce qui se passe, pourquoi ça se passe, où ça se passe. Je suis un mutant.

Ma passion de la Vie et ma boulimie de science en sidologie (impressionnant tous les médecins, stupéfaits de m'entendre manier avec fluidité un vocabulaire pointu auquel ils ne sont pas encore habitués eux-mêmes ; c'est souvent moi qui dirige la consultation à coups de suggestions, et il ne leur reste alors plus qu'à rédiger leurs ordonnances en silence) ne me laissent guère le temps d'être vraiment angoissé. Mes accès de panique sont brefs et rares.

Ce soir à dix-huit heures trente, le commandant a offert l'apéritif aux passagers et à l'équipage. Préoccupé, il m'a pris à part pour me demander si j'allais mieux. Ses yeux inquiets m'ont examiné d'un air médical. « Est-ce que vous prenez parfois votre tension ? » J'ai saisi la balle au vol, j'ai eu la présence d'esprit de profiter de cette aubaine pour mentir sobrement qu'en effet, j'avais de temps en temps des baisses de tension sans gravité, et qu'il n'y avait aucun lieu de s'inquiéter.

Seul le temps qui a passé m'a appris qu'E. s'était réellement lâchement enfui. Je suis sûr que sa décision date du moment où il m'a pressenti malade — bien avant que je ne m'en fusse rendu compte moi-même. Mais il n'a pas eu le courage de me parler — ou peut-être n'en a-t-il pas pris la peine, parce que ce n'était tout simplement pas facile. Or E. balaie avec désinvolture tout ce qui, ce sont ses propres termes, l' « emmerde ».

Non, décidément, parce que c'était lui, ce ne pouvait plus être moi.

Des nuages occupent le ciel, ils entourent quelques rares hippocampes de ciel nu. Mais je sais où est le soleil, qui se reflète sur l'océan en un archipel de lumières, îlots de brillance dense comme une Terre Promise.

LUNDI 15 JUIN

Ce matin, confiné dans ma cabine, j'ai fait l'inventaire des douze médicaments que je dois prendre deux ou trois fois par jour. Tout va bien. Sauf avarie, j'en aurai assez de chaque jusqu'au Havre. En les prenant avec un peu d'eau, je les considère souvent avec bienveillance dans le creux de ma main gauche, ces comprimés, ces ampoules, ces gélules multicolores qui vont se dissoudre en moi pour, selon les médecins, mon plus grand bien (rares sont les moments maussades où je me dis que toutes ces toxicités accumulées me détruisent encore plus).

Aujourd'hui encore, Jeanne, soixante-douze ans et d'un dynamisme nerveux presque insupportable, m'a vu arriver au déjeuner en titubant, la mine grise, et totalement essoufflé par les deux volées de marches qui séparent les cabines de la salle à manger. Comme si souvent, j'ai eu droit, sans pouvoir broncher même si j'en avais eu la force, à son laïus véhément, quasiment agressif : il ne fallait pas que je me laisse aller comme ça, comme une loque, rien de tel pour tomber malade, et cetera. « Regarde, moi qui ai soixante-douze ans, comme je suis pleine d'énergie ! A ton âge, je dansais sur les tables, je courais derrière les garçons ! *Tu as toute la vie devant toi !* »

C'est vrai, pensai-je à part moi, j'ai *tout le reste* de *ma* vie devant moi ; je tâche d'en jouir le mieux possible, notamment en découvrant mieux la splendeur du Monde — et certainement pas en dansant sur les tables. Quant à courir derrière les filles... Disons que ça n'a jamais été ma tasse de thé ; mais même les garçons ne m'intéressent plus, tout au plus puis-je éprouver, à leur égard, une émotion platonique, d'ordre affectif ou esthétique.

« *Chacun porte sa mort en soi, comme le fruit son noyau.* »

(Rilke)

« *Le besoin métaphysique n'est autre que le besoin de la Mort.* »

(Kafka)

« Dieu, ô mon Dieu, pourquoi m'as-Tu abandonné ? » Troublante parole. Agonisant sur la croix, le Fils de l'Homme avait-il toujours *la foi de sa foi?* Implorant son Père, a-t-il *cru s'y fier* jusqu'au bout ?

Aujourd'hui l'Atlantique est pacifique. Mais ce sont les eaux calmes qui sont les plus profondes (proverbe flamand).

« Sida mon amour. » Comment oser ce cri passionné ? Si je n'étais que « banalement » séropositif, jamais je ne me serais permis ce qui eût été de l'indécence ; jamais je ne me serais arrogé le droit de proférer ce qui eût été une insulte aux personnes atteintes. Mais voilà, je suis à un stade avancé de la maladie, je connais ses souffrances physiques et morales. Et c'est ainsi que la provocation devient espoir. Frères et sœurs d'infortune, ne négligez pas de puiser dans les ressources qu'offre cette maladie à votre sensibilité. Ouvrez les yeux pour vous émerveiller des grandes choses et surtout des petites, toutes celles dont ceux que la Mort ne courtise pas encore, ceux pour qui la Mort est lointaine et abstraite, ne peuvent véritablement jouir comme nous le pouvons. Sidéens de tous les pays, grisons-nous de ce privilège, pour mieux combattre nos souffrances que je ne veux nullement minimiser.

Qui s'aigrit maigrit.

La maladie — *cette* maladie — incapacitation courtoise (lente et progressive, elle procède par paliers qui laissent le temps de s'y faire), — mais irréversible. Je sens mon cœur battre dans ma poitrine, et l'idée qu'il s'arrêtera bientôt m'est à la fois subjectivement incroyable et rationnellement acquise.

Paraphrase du titre d'un ouvrage récent de Françoise Verny : « Dieu n'existe peut-être pas, mais je lui ai toujours été fidèle. »

La foi et les œuvres. « Pas de foi sans les œuvres », excepté pour les contemplatifs. J'essaie, pour ma part et à mon modeste niveau, de pratiquer les œuvres, mû par la seule foi de leur nécessité humaniste.

Dix-neuf heures quarante-cinq (une heure moins le quart à Paris) : comme chaque soir où je m'en sens la force, je suis allé au pont supérieur, un peu comme on va au spectacle. Ici, le spectacle, c'est le ciel, cette merveille de couleurs et de luminosités perpétuellement nouvelles, différentes. Ce soir, j'ai admiré une voûte rose pastel au-dessus d'une cohorte de nuages noirs tels des chevaux au galop, ou des licornes cabrées. Juste au-dessus de la mer s'étendait un horizon vert clair, comme certains de ces verts d'aquarelle. Satisfait de tant de beauté, je suis rentré dans ma cabine, rêvant déjà aux grâces du lendemain.

MARDI 16 JUIN

« *Poétisez pour Dieu un poème nouveau,*
poétisez pour Dieu, toute la terre ! »
(Bible, Louanges 96,1)

De plus en plus nombreux sont les moments où, fiévreux et exténué, je m'allonge sur mon lit. Couché sur le dos, je ferme les yeux. Inerte et serein, j'écoute la musique intérieure de la fièvre. Je m'imagine comme un gisant de pierre au centre d'une cathédrale sombre et calme, toutes portes closes.

D'yeux, je te caresse, ô Monde.

Je tue le temps qui me tue tout en vivant le plus intensément possible celui qui ne cesse de me mettre au Monde.

Lat. « mori » ; on conserve la racine consonantique et on convoque d'autres voyelles : *amare*. Tout se tient. Le sida est, du moins au XXᵉ siècle, la première expression invaincue, concrète, physiologique de l'association d'Eros et de Thanatos.

Notre navire est tout de même très puissant. Il laisse derrière nous un sillage qui, à l'horizon, envoie à perte de vue le passé récent vers la Nuit la plus reculée de nos souvenirs.

Ce midi, j'ai aperçu, dans le ciel bleu, un ballon blanc qui montait, montait, jusqu'à devenir invisible à l'œil nu. Le météorologiste m'a expliqué que c'était lui qui lâchait, tel un colombophile futuriste, ces sphères gonflées à l'hélium. Après avoir parfois, comme pour échapper à leur destin, rasé les flots (faisant alors furieusement penser à la Bulle qui persécute le Prisonnier dans le feuilleton du même nom), ces ballons, acculés par l'hélium, ce gaz plus léger que l'air, s'envolent irrémissiblement vers le ciel du ciel. Vingt-cinq mille mètres audessus de nous, ils éclatent, non sans avoir transmis au navire, en guise de testament, les données météorologiques servant la navigation.

Je prépare stoïquement ma fusion avec l'Univers, que je contemple de mes yeux tant que je peux, et de mon cœur j'essaie d'imaginer la partie invisible de son infinie grandeur.

MERCREDI 17 JUIN

Mourir, c'est partir beaucoup.

E., vers la fin, j'ai souvent anxieusement scruté tes yeux. J'en avais d'autant plus désespérément le loisir que, telle une paire de boussoles folles, ils fuyaient, noirs, les miens, couleur de chêne.

Croire ou espérer ? La foi est un espoir *par-fait* qui n'a plus qu'à s'entretenir pour demeurer ce qu'il est. On espère toujours avant de croire *authentiquement ;* mais on peut espérer sans aboutir à la foi. L'espoir est incertain, la foi est catégorique. Rares sont les vrais croyants. Beaucoup de gens, en toute bonne foi, « croient croire » alors qu'en réalité ils ne font que vaguement espérer, comme on mise dans les jeux de hasard.

E., je ne t'aime plus. Je t'ai aimé pour ce que je pensais que tu étais, pour ce que je pensais que tu resterais. Ce n'est qu'actuellement que je ne regrette plus d'avoir été laissé tomber comme une brique. Ton cœur insalubre ne me donne plus envie de le squatter. C'est une ruine enveloppée de carton-pâte, de celui qui, chatoyant, servait pour les châteaux de cinéma érigés en studio dans les vieux films. Ce qui suffit pour les galipettes d'une nuit.

Ceci est mon deuxième écrit, et peut-être le dernier. Frappé par une maladie d'amour qui finit toujours de la même façon, j'ai l'impression que l'énergie qui m'anime encore est principalement destinée à ces pages qui s'écrivent sous ma plume.

Après, l'inconnue, sauf quant au dénouement. De quel sursis pourrai-je encore bénéficier ? Desquels ne me sera-t-il plus donné de jouir ? J'ai des projets plein la tête, mais les voies du sida sont impénétrables. Il est grand le mystère du sida...

E., tu ne supportais pas le moindre de mes petits maux, comme ces accès de fièvre qui te rendaient furieux, parce qu'ils gâchaient (mais si peu) la facilité qu'en permanence tu recherchais. « On est ensemble pour le meilleur ! Seulement pour le meilleur, tu comprends ? » Non, manifestement je ne comprenais pas.

Vingt heures (vingt-trois heures à Paris) : monochrome gris-jaune, le ciel se fond dans la mer, qui se dilue dans le ciel. L'horizon est rigoureusement invisible.

JEUDI 18 JUIN

J'ai remporté les fruits de mon échec. E., mes pleurs pour toi sont taris à jamais. Si de mes yeux coulent encore des larmes, tu n'en es plus la source. Mon émotion est maintenant celle du Monde. Il ne me trahira pas, c'est moi qui le quitterai.

Je sais maintenant ce qu'est le soleil de Satan. C'est celui sous lequel je me trouve, dans ma cabine, cette nuit, celui qui chauffe de façon insolente et impitoyable, jusqu'à me transmettre sa fièvre (40°2 dans l'obscurité), et à faire de moi un Frigidaire bouillant : de violents frissons agitent mon écriture, et comme toujours dans ces cas-là, les antipyrétiques ne sont que cautères sur jambe de bois.

Mer très forte. Deux passagers (d'ordinaire les plus bavards) ne se sont pas montrés au déjeuner. Je regarde les flots furieux à travers l'un de mes deux sabords, tout en écoutant la Cinquième de Beethoven. Son début m'a plus que jamais fait penser à quelque sévère destin frappant gravement à la porte de ma vie. Et ce cliché m'a soudainement paru ne plus en être un.

Oui, décidément, l'océan en colère est fortement moutonneux, en cheptels blancs denses et nombreux qui sautillent partout. Les loups de mer de l'équipage esquissent des sourires carnassiers en voyant déambuler, tels des spectres ivres, certains passagers au teint jaune.

J'aimais, tu essaimais, vous jouissiez. Même alors, j'aimais comme jamais.

Mon sida — maladie vénérienne et vénérée.

E., tu m'as quitté sans que j'eusse l'occasion de t'acquitter. Je condamnerai toujours la couardise de ta fuite en arrière, sur la pointe des pieds, allégé d'un cœur nécrosé.

VENDREDI 19 JUIN

Sida mon amour, je t'aime. Je t'adore autant que je t'abhorre. Je t'aime parce que tu es mien, à nul autre pareil. Je t'aime parce que tu t'occupes méticuleusement de moi, sans relâche. Je t'aime parce que nous mourrons ensemble. Et enfin, je t'aime surtout parce que, grâce à toi, ma vie écourtée devient chaque jour plus extraordinaire. Avant, je ne pleurais pas d'émotion en regardant la beauté du ciel ; je ne le voyais même pas. Grâce à toi, ma vie ne s'étirera pas mollement jusqu'à une vieillesse indifférente et blasée.

Dieu, je T'ai traqué au cours de ce voyage. Quand j'admire la beauté du Monde, je suis souvent tenté de croire en Ton existence. Mais quand je médite sur la souffrance qui se développe sans cesse dans ce même Monde, j'ai l'impression qu'aucun Tout-Puissant ne peut exister. Dieu, si Tu n'existes pas, la Beauté est la chose la plus étonnante qui soit, souveraine et magnifique. Mais si Tu existes, la souffrance est le mystère le plus douloureux que l'on puisse imaginer.

« *Homme libre, toujours tu chériras la mer.* »
(Charles Baudelaire)

Les « dernières fois ». Quand on approche de la Mort et qu'on le sait, on pense souvent aux « dernières fois ». Notre vie est essentiellement faite d'actes et d'expériences amenés à se répéter tôt ou tard, fréquemment ou plus rarement. Il y a deux exceptions, aux deux extrémités de la vie : tout commence par la naissance. En principe, et pour s'en tenir à la conception judéo-chrétienne, on ne naît qu'une seule fois — qui est donc la première et la dernière. Tout se termine par la Mort, qui a le même statut : on ne meurt qu'une première et dernière fois. Entre ces deux points limites, notre vécu est indéterminé ; mais moi devant qui la Mort fait la roue, je sais que pour beaucoup de choses que je fais ou que je vis, c'est très probablement la « dernière fois ». Par exemple, c'est la première et la dernière fois que je traverse l'océan Atlantique en cargo ; et ainsi de suite pour nombre de choses, insignifiantes ou importantes. Aussi ma maxime sera : « Fais et vis toute chose comme si c'était la première et la dernière fois. » C'est, je pense, un gage d'intensité. Ainsi, je m'endors chaque soir avec le plus de volupté possible, en envisageant que c'est la dernière fois ; de cette façon je m'exerce quotidiennement à mourir. Et au moment même de mon trépas, il serait idéal — ce ne doit pas être évident — que je me réjouisse de vivre un événement absolument unique —, pour la première et la dernière fois, comme à la naissance, à ceci près qu'on ne naît pas consciemment, alors qu'on peut avoir la chance de mourir lucidement et en toute sérénité.

Depuis que je ne suis plus *sain* de corps, je suis devenu *saint* de corps. Je ne lâche même plus ne serait-ce que la plus misérable petite pollution nocturne.

Je ne saisis pas réellement le sens moral de la foi. En revanche, il va de soi que je comprends le sens moral de l'action juste.

J'aimerais qu'au Paradis il y ait la mer.

« *Chaque mot écrit est une victoire contre la Mort.* »

(Michel Butor)

« *J'assiste à ma mort avec les forces entières de ma vie.* »

(François Maine de Biran)

Trois heures du matin (cinq heures à Paris). Mon réveil a sonné à l'heure prévue. J'ai attendu pendant un quart d'heure dans mon lit afin d'être sûr, au cas où la sonnerie — très peu discrète — aurait réveillé mon voisin d'à côté, qu'il se soit rendormi paisiblement. Ensuite je me suis habillé pour sortir. J'ai pris sous le bras le petit cercueil en carton contenant les restes d'E.

Tel un insolite fossoyeur au milieu de la nuit, j'ai traversé à pas de loup les couloirs où ne veillaient que de petites ampoules foncées qui baignaient faiblement les coursives d'une douce lumière jaune ténèbres. Je suis sorti sur le pont arrière. La nuit était fantastique, comme magique. Oui, c'était une nuit étrange, particulière. Les nuages leur ayant cédé la place afin qu'il n'en manquât pas une, scintillantes et silencieuses, les étoiles étaient au rendez-vous pour assister à mon acte de délivrance, pour le bénir, pour le protéger. Après avoir admiré le ciel, j'ai regardé notre sillage, et j'ai précipité le petit sarcophage dans l'écume du passé. Il n'a surnagé qu'un bref instant, puis il a disparu à tout jamais dans les profondeurs atlantiques. Après cet *enmèrement* clandestin, croque-mort heureux et soulagé, je suis rentré dans la cabine où j'ai écouté de la musique le restant de la nuit. La *Troisième symphonie pour orgue de Saint-Saëns* m'a fait pleurer.

SAMEDI 20 JUIN

Mes instructions : ni *pleurs* ni couronnes.

Qui peut prétendre avec certitude que la Mort nuit gravement à la santé, et qu'elle nous fait disparaître à tout jamais ? A l'opposé, qui peut prouver que la Mort est un passage vers quelque Vie Eternelle ? Assurément des gens peu raisonnables que leur vanité aveugle. En cela ils se montrent sots. Mais il est vrai que de tous temps les humains ont voulu, dans un sens ou dans l'autre, violer le Mystère, l'embrigader dans des dogmes, le mettre au pas. Toutefois, malgré tous les esprits prométhéens passés, présents et futurs, le Mystère restera toujours intact et continuera de nourrir la poésie du Monde.

Exactement comme toute guerre est mondiale pour celui qui la subit, le Monde mourra à moi quand je mourrai à lui. La fin du Monde est toute proche.

Le ciel, le désert, la mer. La mer est un désert liquide, bleu marine, perpétuellement dansant pour courtiser le ciel. Le soir, le soleil couchant, complice de leur amour, s'efface discrètement afin de permettre leur fusion, leurs ébats passionnels, bénis par les étoiles.

En se référant à la mythologie grecque, on pourrait comparer le sida à l'hydre de Lerne, ce monstre à neuf têtes dont une immortelle. La tête immortelle, ce serait VIH en personne. Les autres têtes, ce seraient les maladies opportunistes. Le sida en pousse bien plus que l'hydre de Lerne.

E., la fidélité, cette vertu *désuète* que tu vilipendais, je m'en fais, sans la moindre honte, l'ardent défenseur. Il ne s'agit pour moi ni de pusillanimité, ni de mièvrerie, ni de l'obéissance à quelque autorité religieuse. Il y va du sauvetage de vies et de cœurs.

Une chose est sûre : je ne pourrai jamais retourner « ès vie normale » (expression dénichée dans une lettre inédite de Verlaine que j'ai offerte à E.).

Les peintres d'un seul tableau, les sculpteurs d'une seule statue, les compositeurs d'une seule symphonie — pourquoi leur Muse les a-t-elle abandonnés ? Je resterai sans doute le romancier d'un seul roman. J'ai écrit *Izo* alors que je venais d'apprendre ma séropositivité, mais il ne s'est trouvé, dans toute la presse que j'ai « eue », qu'un seul journaliste (F. Matthys de la *Libre Belgique*) pour y voir, à juste titre, une métaphore impliquant l'amour et la Mort. L'un des paragraphes de sa critique s'intitulait : « MOURIR DE TROP AIMER LA VIE ».

Certaines mères mettent au jour des enfants qui seront heureux, d'autres mettent à la nuit des êtres qui ne le seront jamais. Dieu, merci pour eux. Oh ! je sais bien, les gens d'Eglise sortent alors, comme un lapin blanc de leur soutane noire, le thème du « Mystère ». Mais ce Mystère très douteux abuse de lui-même et ne peut endiguer la révolte des esprits libres.

Vingt-trois heures (une heure à Paris). Parce que le film, une fois de plus, ne m'intéressait pas, je me suis levé d'un des fauteuils du salon ; à peine avais-je fait trois pas que j'ai perdu l'équilibre. Je me suis violemment écroulé au sol, en me cognant la tête au coin d'une chaise. Xavier et Jean se sont aussitôt précipités à mon secours : ils m'ont hissé debout avec des paroles réconfortantes et m'ont ramené à ma cabine.

Là, je me suis allongé et promptement endormi, encore « sonné » par le coup à la tête (nettement visible, à hauteur de l'arcade sourcilière). Une question me taraude l'esprit : *vais-je encore pouvoir vivre seul ?*

DIMANCHE 21 JUIN

Cette nuit, j'ai rêvé que je faisais un voyage en train. Assis à la fenêtre, je regardais défiler le paysage ; je regardais les vaches qui me regardaient les regarder. Le trajet était peuplé, çà et là, tout près de la voie, de personnes en groupe ou isolées, qui elles aussi regardaient passer mon train, en applaudissant, un peu comme le font les spectateurs du Tour de France cycliste. Au fil du périple, le monde et les ovations augmentaient. De temps à autre je leur souriais en agitant faiblement le bras, comme le faisaient naguère les huiles séniles du Kremlin, et comme le fait toujours, depuis sa fenêtre place Saint-Pierre ou abrité derrière le blindage transparent de sa papamobile, Karol Wojtyla (que l'Esprit-Saint, soit dit en passant, conseille particulièrement mal ces temps-ci : proscrire le préservatif est proprement criminel).

Puis, soudainement, le convoi s'engouffra dans un tunnel où il faisait nuit noire, de ces tunnels dont on attend la fin avec résignation pour reprendre la lecture de son journal ou d'un roman. Mais ce tunnel-ci était long, très très long, sans veilleuse aucune sur les parois, je ne voyais que le noir partout, dans le train non plus il n'y avait pas de lumière. La suite du rêve est aussi sa fin : je me suis réveillé en sursaut, avec le souvenir très net du rêve — sauf de sa fin. Je me suis rendormi en me laissant bercer par l'idée de ce voyage au bout de la nuit...

E., tu *découchais,* mais jamais je ne te l'ai reproché comme un *délit* (peut-être eût-il fallu, quel comble ! que je te fasse des crises de jalousie qui eussent flatté ton ego ? Peut-être mon libéralisme t'énervait-il ?).

E., il fut un petit temps au cours duquel j'étais bien loin de désespérer d'encore te voir, entendre ta voix, lire de tes lettres. Que tu m'eusses, à tout jamais, abandonné comme on laisse derrière soi un chien attaché à un arbre, ne m'effleura que plus tard. Force m'est hélas ! de constater que cette hypothèse est la bonne, aussi odieuse soit-elle. Tous mes amis — mes *vrais* amis — se sont manifestés pour savoir comment j'allais, me réconforter, me rendre de menus services. Ma famille, elle aussi, a été — et reste — exemplaire. Mais j'ai attendu en vain le moindre mot de celui, le seul, qui eût pu m'illuminer le cœur — celui qui prétendait m'avoir « le plus aimé ». N'aime plus personne, E. Ou en tout cas plus comme ça ; *tu tues.*

E., tu sais que je vais mourir bientôt — c'est ce qui fait que tu es parti. Parfois je me demande si, les années ayant passé, tu chercheras à connaître le lieu consacré à mon souvenir : quelle pelouse dans quelle allée, dans quel jardin et dans quelle ville ? Et puis aussi, le cas échéant, je me demande si tu auras alors une fleur à la main — peut-être (mais quel fol espoir) une fleur que je t'aurais offerte et que tu aurais séchée et conservée précieusement.

E., je sais maintenant quels traits forme la brume de mes cauchemars fiévreux : ce sont ceux, diaphanes et sournois, de ton visage subitement déformé, étiré en masque hideux. J'ai beau avoir fait ton deuil, sans y être autorisé tu te glisses dans mes rêves, tu ressurgis encore et toujours, cruel, aussi tenace que le vert-de-gris. Mon cœur sanglotant n'a pas trouvé de sépulture pour le tien, aride. Mais comment pourrait-on enterrer un désert ?

LUNDI 22 JUIN

Cette nuit encore, j'ai fait un rêve étrange. On avait décidé d'une nouvelle équipée lunaire et je figurais parmi les astronautes. Le voyage s'était bien passé, l'alunissage aussi. J'étais chargé de faire des clichés de la Terre. J'avais installé mon matériel sur le sol boueux de la Lune, et je prenais des photos de notre superbe planète bleue, lorsque tout à coup je la vis littéralement *exploser,* véritablement *se désagréger,* et bientôt il ne restait plus *rien,* rien que de petits corps célestes informes qui se dispersaient dans toute cette partie de l'Univers. Je venais d'assister à l'expression suprême de la folie humaine.

Dix heures (dix heures à Paris aussi) : j'ai rendu une petite visite au radiotélégraphiste, à la fois pour faire sa connaissance et pour lui faire mes adieux. Il m'a reçu avec un large sourire de surprise, mâtiné — je l'aurais en tout cas juré — de regret, le regret qu'il eût fallu attendre le dernier jour pour se trouver. Il m'a expliqué diverses choses techniques. Nous sommes, pour mon plus grand ravissement, passés spontanément du « vous » cérémonieux au « tu » plus complice.

Sans qu'il se doutât le moins du monde que je m'apprêtais à filer à l'anglaise, il est allé un moment dans la pièce à côté. Avant de partir discrètement, je lui ai laissé un petit billet en morse sur son bureau (j'ai appris le morse chez les scouts et je ne l'ai jamais oublié) : « *TU SAIS, TOUT AU LONG DE CE VOYAGE ENSEMBLE, JE T'AI BEAUCOUP AIMÉ PARCE QUE TU M'AS BEAUCOUP ÉMU. BON VENT DANS LA VIE.* »

Très cher, et surtout très hypothétique lecteur (que deviendront ces feuillets ? Les livrerai-je un jour à quelqu'un d'autre qu'à ce moi-même qui en aura certainement bien besoin pour se souvenir, et y puiser sa force pour continuer de lutter ?), choisis donc le nom de mon cargo, qui est maintenant aussi un peu le tien. Mais je serais tellement heureux que tu l'appelles « VIE ».

Dix-neuf heures : Le Havre. Sur la jetée, j'aperçois mes parents qui deviennent de plus en plus grands. Bien vite nous sommes à quai mais toujours à bord. La nostalgie m'envahit. Ce n'était pas un voyage comme lcs autres, c'était *mon* voyage, unique dans l'Espace et dans le Temps.

Ce qu'il me reste à faire désormais ? Vivre, tout simplement, sur cet immense cargo rond, bleu et silencieux, qui m'émerveillera toujours plus, comme si VIH, à la fois tendre et cruel, voulait m'offrir cet éblouissement croissant avant de me proposer la Mort.

Ensuite, si les charmants mauvais garçons ont leur Paradis, j'espère pouvoir y saluer Saint-Genêt, et y retrouver tous ceux qui m'auront ému ici-bas.

« Je t'aime, ô Eternité ! »
(Friedrich Nietzsche)

Le Havre, 28 mai 1992
Le Havre, 22 juin 1992

Dans Le Livre de Poche

Extraits du catalogue

Documents, témoignages

Christine Arnothy
J'ai 15 ans et je ne veux pas mourir
Erwan Bergot
Sud lointain 1 : Le Courrier de Saïgon
Sud lointain 2 : La Rivière des Parfums
Sud Lointain 3 : Le Maître de Bao Tan
Roger Borniche
Le Coréen
Alphonse Boudard
Les Grands Criminels
Iossif Brodski (*dossier sur*)
Le Procès d'un poète
John le Carré
Une paix insoutenable
Varlam Chalamov
Récits de Kolyma 1 : La Nuit
Récits de Kolyma 2 : Quai de l'enfer
Bernard Chevallier interroge :
L'Abbé Pierre. Emmaüs ou venger l'homme
Daniel Cordier
Jean Moulin
Anne Frank
Journal
André Frossard
Le Crime contre l'humanité
Philippe Husser
Un instituteur alsacien
Joseph Joffo
Un sac de billes
Dominique Lapierre
Plus grands que l'amour
D. Lapierre, L. Collins
Paris brûle-t-il ?
... Où tu porteras mon deuil
Ô Jérusalem
Cette nuit la liberté
Claude B. Levenson
Ainsi parle le Dalaï-Lama
B.-H. Lévy (*collectif sous la direction de*)
Archives d'un procès : Klaus Barbie
Pierre Lunel
L'Abbé Pierre, l'insurgé de Dieu
R. Michael Marrus, Robert O. Paxton
Vichy et les Juifs
Pierre Ottavioli
Echec au crime – 30 ans Quai des Orfèvres
Gilles Perrault
L'Orchestre rouge
Le Pull-over rouge
Cornelius Ryan
Le Jour le plus long
Freidoune Sahebjam
Un procès sans appel
Dominique Veillon
La Collaboration
Günter Wallraff
Tête de Turc
Thierry Wolton
Le K.G.B. en France
Alexandre Zinoviev
Katastroïka

Dans Le Livre de Poche

Extraits du catalogue

Premiers combats pour la langue française nº 6661

Introduction, choix et notes de Claude Longeon

Ce n'est qu'au terme de longs combats que des écrivains de tous horizons (pédagogues, traducteurs, humanistes, poètes) ont imposé la langue française. Faisant fi de leurs privilèges de latinistes, ils choisissent, sous François Ier et avec son aide efficace et renouvelée, le risque de l'ouverture à la langue vulgaire.

Des textes de Jean Lemaistre, Claude de Seyssel, Christophe de Longeil, Jean Lemaire de Belges, Jean Bouchet, Désiré Érasme, Jacques Lefèbre d'Étaples, Guillaume Farel, Jean Gachy, Geoffroy Tory, Charles de Bovelles, Symphorien Champier, Antoine Macault, Antoine Héroët, Bonaventure des Périers, Nicolas Glotelet, Pierre Saliat, François Ier, Étienne Dolet, Charles de Sainte-Marthe, Pierre Tolet, Jean Canappe, Jacques Peletier du Mans, Martin Mathée, Jean Bouchet, Antoine Le Maçon, Étienne Roffet, Hugues Salel, Charles Fontaine, Jean Le Blond, Jacques de Beaune, Jean Lalemant, Claude Gruget, François Habert, Joachim Du Bellay.

Anthologie de la poésie amoureuse de l'âge baroque

Vingt poètes maniéristes et baroques nº 6910

Introduction, choix de textes, notices et notes de Gisèle Mathieu-Castellani

Du temps de Charles IX à celui de Louis XIII, la poésie explore les possibilités de son langage propre, indocile aux tutelles.

Au sommaire : Agrippa d'Aubigné, Christofle de Beaujeu, Joachim Bernier de la Brousse, Beroalde de Verville, Flaminio de Birague, Jacques Davy Du Perron, Philippe Desportes, Estienne Durand, Jean Godard, Isaac Habert, Clovis Hesteau de Nuysement, Étienne Jodelle, Siméon-Guillaume de La Roque, Pierre de Marbeuf, Marc Papillon, François Scalion de Virbluneau, Jean de Sponde, Théophile de Viau, Tristan L'Hermite, Pontus de Tyard.

Traités de poétique et de rhétorique de la Renaissance nº 6720

Introduction et notes de Francis Goyet

Ces traités de poétique et de rhétorique disent l'enthousiasme qui saisit notre littérature au XVIe siècle. La France fonde sa poésie et forge sa langue.

Une solide annotation aidera le lecteur à discerner les enjeux profonds de ces écrits fondateurs, qui se révèlent moins théoriques qu'idéologiques.

Ce volume contient Sébillet, *Art poétique français* ; Aneau, *Le Quintil horacien* ; Peletier, *L'Art poétique* ; Fouquelin, *La Rhétorique française* ; Ronsard, *Abrégé de l'art poétique français.*

Poètes français des XIXe et XXe siècles nº 4277

Préface de Serge Gaubert
Notices, commentaires et notes de Daniel Leuwers

Du romantisme à la modernité. L'affirmation des lignes maîtresses de la poésie contemporaine : l'abandon du vers au profit de formes plus libres, l'intégration des forces de l'inconscient dans le flux du langage, la reconnaissance de la valeur polysémique des mots, l'émulation exercée par des arts voisins comme la peinture ou la musique, enfin la tentation de l'engagement.

Une anthologie commentée, de Lamartine, Vigny, Hugo, Musset, Nerval... à Prévert, Michaux, Eluard, Aragon, Saint-John Perse, Guillevic, Queneau, Senghor...

Pierre de Ronsard (1524-1585)

Discours des misères de ce temps nº 9695

Introduction, notes, notices et variantes de Francis Higman

Dans la guerre civile sporadique, qui commence par le Tumulte d'Amboise et s'achèvera par la conquête de Paris par Henri IV, plus de trente ans plus tard, Ronsard a jeté le poids dérisoire et décisif de sa plume, mettant son génie poétique et satirique au service de la foi catholique.

Cette édition groupe en un même volume, ce qui n'avait jamais encore été fait, l'essentiel des textes du poète et deux des pamphlets qui s'abattirent sur lui avec une violence à la mesure du danger qu'il représentait pour ses adversaires.

Dans leur langue familière et ferme, étrangère aux ornements antiques de la Pléiade, Ronsard dévoile ses convictions, conte sa vie et manipule ses lecteurs au moyen d'une rhétorique efficace et subtile. Ses contemporains préféraient en lui l'auteur des *Discours* : chacun peut désormais comprendre pourquoi.

Chateaubriand (1768-1848)

Atala, René, Les Natchez nº 6609

Introduction, commentaires etnotes de Jean-Claude Berchet

Atala et *René* sont des épisodes détachés des *Natchez*. En regroupant pour la première fois ces trois textes, élaborés par Chateaubriand au cours de son exil londonien (de 1797 à 1799), on a voulu les replacer sous leur véritable jour. Ces grands textes fantasmatiques, placés sous le signe des enfants morts, prennent en effet une dimension nouvelle : un roman de la vie sauvage qui a bien pour horizon nostalgique une *nature* (la splendeur des paysages américains, de la Louisiane au Canada), mais qui énonce en réalité une problématique de la Chute ; qui désigne le blocage des énergies vitales ou les contradictions du désir ; qui proclame enfin le malheur de naître au siècle des Révolutions.

Nerval (1808-1855)

Aurélia

suivi de *Lettres à Jenny Colon, La Pandora, Les Chimères* nº 690

Édition établie et commentée par Béatrice Didier
Introduction de Jean Giraudoux

Ce qui fait l'originalité si fondamentale d'*Aurélia*, c'est que l'œuvre retrace une expérience douloureusement vécue, une descente aux enfers de la folie qui s'accomplit dans la souffrance, mais aussi que sa composition témoigne d'une extraordinaire faculté de synthèse, de reconstruction. C'est la volonté d'organiser l'ensemble dans une progression qui répond à une expérience mystique. Tout agit, tout se correspond, tout a un *sens*. L'imagination, qui est hallucination mais aussi et surtout force de création, est le don de voir « directement » un univers sur lequel plane la figure d'Aurélia. Elle est une synthèse de toutes les femmes que Nerval a aimées : sa mère et Jenny Colon, et d'autres femmes réelles ou idéales ; elle est Laure et Béatrice, la Vierge Marie, Isis, mais aussi la vierge des douleurs, la femme abandonnée dans le déluge.

Œuvre surprenante, quoique moins connue, *La Pandora* expose tout le réseau des thèmes qui s'organise autour du théâtre, de la représentation manquée ou impossible.

Dans les sonnets des *Chimères*, Nerval a projeté les grandes figures mythiques de son univers imaginaire, fulgurantes et énigmatiques.

Charles Baudelaire (1821-1867)

Écrits sur l'art — nº 3921

Texte établi, présenté et annoté par Francis Moulinat

Cette nouvelle édition regroupe l'essentiel des textes que Baudelaire a consacrés aux arts plastiques *(Salon de 1845, Le Musée du Bazar de Bonne-Nouvelle, Salon de 1846, Morale du joujou, De l'essence du rire, L'Œuvre et la Vie d'Eugène Delacroix...)* et qui ont été composés entre 1845 et les derniers temps de sa vie.

Un abondant apparat critique indique la localisation des œuvres et multiplie les rapprochements entre les jugements de l'auteur et ceux de ses contemporains.

Lautréamont (1846-1870)

Les Chants de Maldoror — nº 4496

suivi des *Poésies* et des *Lettres*

Édition établie, commentée et annotée par Patrick Besnier

Les *Chants* subvertisent sans relâche les figures détentrices du pouvoir et de la norme. Le sarcasme, l'insulte, les fictions cherchent à ébranler les puissances et les identités, à les dévoyer ou à les destituer.

« L'effet d'ensemble est terrible au-delà de toute expression et d'une beauté panique surprenante. [...] Le style des *Chants de Maldoror* est une sorte de poncif configuré à la divagante passion d'un dément. » (Léon Bloy.)

Cette édition des œuvres complètes comprend les *Chants*, les *Poésies*, la *Correspondance* et des documents nouveaux.

Alfred Jarry (1873-1907)

Tout Ubu — nº 838

Édition établie par Maurice Saillet
Préface, commentaires et notes de Charles Grivel

Figure surgie du désordre et de l'ombre, émanation brute et cocasse d'une pensée qui ne recule devant rien pour se satisfaire, Ubu *insiste*. Un franc-parler menaçant, une gesticulation belliqueuse se répandent ainsi qu'un miasme. Lançant son malpropre goupillon sur la table du festin ou portant avec précaution son boulet de forçat pour ne pas le salir, Ubu exécute violemment la raison de ce qu'il touche : la Loi, l'ordre physique ou moral. On a toujours lu, vu, su, vécu Ubu : le personnage provient de la mémoire de chacun, de ses entrailles ;

c'est une pulsion générale, non simplement particulière à son auteur. Ubu émane de la personne de celui qui est nanti de son récit, c'est un *geste*, une extorsion, quelque chose qu'on *s'arrache*.
Tout Ubu comprend « Ubu roi », « Ubu cocu », « Ubu enchanté », « Les Almanachs du père Ubu », « Ubu sur la butte », avec leurs prolégomènes et paralipomènes.

Jean Giraudoux (1882-1944)

Ondine n° 1657

Préface, commentaires et notes de Colette Weil

Ondine, fille des eaux, confiante dans la puissance de l'amour qu'elle éprouve pour le chevalier Hans von Wittenstein, accepte le pacte du Roi des Ondins : elle partira et vivra son amour humain mais, si Hans la trahit, il mourra et Ondine retournera au Lac, perdant jusqu'au souvenir de son existence terrestre.
Étincelante, avec un dialogue d'une rare richesse, *Ondine* est une subtile réflexion poétique sur la fragilité des amours humaines.

Ezra Pound (1885-1972)

Les Cantos n° 3117

Traduction de Jacques Darras, Yves Di Manno, Philippe Mikriammos, Denis Roche, François Sauzey.
Préface de Denis Roche.

Dans cette vaste fresque poétique, les mythes archaïques de la Chine et de l'Europe croisent les rituels modernes tels que les guerres, les spéculations financières, les événements de la vie politique ou artistique. Emportée par le flux des destinées mythiques et des drames contemporains, soumise aux rythmes des obsessions de Pound et des convulsions de société, une polyphonie universelle se dégage des *Cantos*, qui est l'une des œuvres majeures du XXe siècle. L'écriture, qui s'accorde au principe d'organisation idéogrammatique, fait entrer dans un champ sémantique nouveau le parcours historique et l'imaginaire des hommes.

André Breton (1896-1966)

Anthologie de l'humour noir n° 3043

Se référant à Hegel et à Freud, Breton établit les rapports de l'humour et de l'inconscient. L'humour tend à donner l'invulnérabilité parce qu'à travers lui la réalité hostile se désagrège. Jacques Vaché écrit : « Je crois que c'est une sensation – j'allais presque dire un sens – aussi, de l'inutilité théâtrale (et sans joie) de tout. » Attitude exemplaire et définitive : Vaché, Crevel, Rigaud, Cravan, Duprey se suicident.
Swift, Sade, Lacenaire, Pétrus Borel, Poe, Baudelaire, Lewis Caroll, J.-P. Brisset, Apollinaire, Kafka, Duchamp, Vaché... sont présentés par André Breton.

La poésie
dans Le Livre de Poche

Aristote
Poétique
Rhétorique
Baudelaire *Charles*
Les Fleurs du mal
Le Spleen de Paris
Les Paradis artificiels
Cendrars *Blaise*
Anthologie nègre
Charles d'Orléans
Ballades et Rondeaux
Chrétien de Troyes
Yvain, le Chevalier au lion
Le Conte du Graal
Le Chevalier de la Charrette
Erec et Enide
Guillaume de Lorris, Jean de Meun
Le Roman de la Rose
Homère
Odyssée
Odyssée (choix)
Iliade
Hugo *Victor*
Les Châtiments
Les Contemplations
La Fontaine *Jean de*
Fables
Les Amours de Psyché et de Cupidon
Lautréamont
Les Chants de Maldoror
Mallarmé *Stéphane*
Poésies
Marie de France
Lais
Nerval *Gérard de*
Aurélia *suivi de* Lettres à Jenny Colon, *de* La Pandora *et de* Les Chimères
Les Filles du feu *suivi de* Petits Châteaux de Bohême
Pound *Ezra*
Les Cantos
Rilke *Rainer Maria*
Lettres à un jeune poète
Rimbaud *Arthur*
Poésies complètes
Ronsard *Pierre de*
Discours des misères de ce temps
Verlaine *Paul*
Poèmes saturniens *suivi de* Fêtes galantes
La Bonne Chanson *suivi de* Romances sans paroles *et de* Sagesse
Villon *François*
Poésies complètes
XXX
Anthologie de la poésie amoureuse de l'âge baroque
La Chanson de la croisade albigeoise
La Chanson de Roland
Lancelot du lac
Lancelot du lac, t. 2
Le Livre de l'échelle de Mahomet
Poètes du Moyen Age (choix)
Poètes français des XIXe et XXe siècles
Traités de poétique et de rhétorique de la Renaissance
Tristan et Iseult
Tristan et Iseut
(texte médiéval accompagné de la traduction)

Ouvrages généraux
(dictionnaires, anthologies)

Gaffiot *Félix*
Dictionnaire latin-français
Imbert *Jacques*
Anthologie des poètes français
Littré *Émile*
Le Petit Littré (La Pochothèque)
Pompidou *Georges*
Anthologie de la poésie française
XXX
La Bibliothèque idéale (La Pochothèque)
Premiers Combats pour la langue française
Anthologie de la littérature algérienne
Anthologie de la littérature française au XIXe siècle
Dictionnaire universel de poche
Dictionnaire des lettres françaises : le Moyen Age (La Pochothèque)
Encyclopédie de l'art (La Pochothèque)
Encyclopédie de la musique (La Pochothèque)

Composition réalisée par BUSSIÈRE 18200 Saint-Amand-Montrond

IMPRIMÉ EN FRANCE PAR BRODARD ET TAUPIN
Usine de La Flèche (Sarthe).
LIBRAIRIE GÉNÉRALE FRANÇAISE - 6, rue Pierre-Sarrazin - 75006 Paris.

ISBN : 2 - 253 - 13521 - 6 31/3521/7